本书获得北京外国语大学一流学科建设经

U0680377

高等教育与家庭流动

秦惠民　王名扬◎著

Higher Education and Family Mobility

科学出版社

北　京

内 容 简 介

随着高等教育从精英化到大众化再到普及化的发展，由个体接受高等教育所引发的家庭迁移，正逐渐成为我国社会家庭流动的一种重要途径。伴随此种家庭流动在数量上的增长，其流动过程也呈现出一定的特征和规律。本书以家庭流动为研究对象，尝试扩大高等教育效应的研究视域；以溢出效应为研究视角，探究高等教育引发人口流动的特点和规律；以个体高等教育获得对家庭流动的影响为研究问题，力图拓展高等教育功能的定义范畴。

本书以质性研究为主，辅以适当的量化分析。在对家庭流动作为高等教育一种溢出效应进行理论阐释的同时，概括其在实践中的具体表现类型，分析个体高等教育获得如何直接或间接地影响家庭流动，以及这种流动呈现的样态和特点，并进一步深入挖掘家庭流动作为高等教育溢出效应的形成原因、内在规律，并对其发展趋势进行预测和展望。

本书可作为高等教育学、社会学、人口学研究者的参考用书。

图书在版编目（CIP）数据

高等教育与家庭流动 / 秦惠民，王名扬著 . —北京：科学出版社，2019.6
ISBN 978-7-03-060219-0

Ⅰ.①高…　Ⅱ.①秦…②王…　Ⅲ.①高等教育-研究　Ⅳ.①G64

中国版本图书馆CIP数据核字（2018）第292284号

责任编辑：付　艳　卢　淼 / 责任校对：何艳萍
责任印制：徐晓晨 / 封面设计：润一文化

编辑部电话：010-64033934
E-mail：edu_psy@mail.sciencep.com

科 学 出 版 社 出版
北京东黄城根北街 16 号
邮政编码：100717
http://www.sciencep.com

北京虎彩文化传播有限公司 印刷
科学出版社发行　各地新华书店经销

*

2019年6月第 一 版　开本：720×1000　B5
2020年10月第三次印刷　印张：14 3/4
字数：252 000

定价：89.00元
（如有印装质量问题，我社负责调换）

前　　言

　　接受高等教育的个体除了自身从高等教育中获益之外，还影响和带动了其家庭的流动，从而形成高等教育的一种溢出效应（spillovers），这是研究高等教育社会效应的一个视角。随着高等教育从精英化阶段进入大众化阶段再进入普及化阶段，由个体接受高等教育所引发的家庭流动，将逐渐成为人口流动的一个重要组成部分。这种与个体高等教育获得相关的家庭流动在规模和数量上的增长带来了流入地和流出地社会与人口的相关问题。作为一种高等教育溢出效应，个体高等教育获得对家庭流动的影响，已成为一个不容忽视的实践问题和学术问题。

　　本书的研究视角，是将接受高等教育个体带动的家庭流动作为一种高等教育的溢出效应，尝试分析高等教育除了改变接受者个体的命运和思想观念以外，如何直接或间接地影响其家庭的流动轨迹，探索高等教育除承载传统意义上的人才培养、科学研究、社会服务、国际交流等主要功能之外的其他延伸作用与影响。本书以家庭流动为研究对象，尝试扩大高等教育效应的研究视域；以溢出效应为研究视角，探究高等教育引发人口流动的特点和规律；以个体高等教育获得对家庭流动的影响为研究问题，力图拓展高等教育功能的定义范畴。

　　在教育学关于高等教育功能的研究层面，研究者的关注点常常集中于将高等教育看作是影响个体流动的主要渠道，强调个体价值的实现，突出高等教育对个体和社会的促进作用；在人口学关于人口流动的研究层面，研究对象大多局限于农民工、流动儿童等弱势群体，流动方向多局限于从农村流向城市；在社会学关于家庭流动的研究层面，家庭在垂直方向上的阶层流动受到社会学研究者的青睐，家庭的代际传递和阶层固化是家庭流动的研究重点，而对于家庭在横向上的地域流动有待进一步研究和补充。在实践中，因个体高等教育获得所形成的高学历群体带动的家庭流动，正在逐渐成为人口流动中的新兴力量。家庭的地域流动逐步发展为家庭流动的一种重要趋势，但关于个体接受高等教育所带动的家庭流动，与之相关的研究尚不完善，需要我们深入探讨和研究。基于此，本书首先提出家庭流动作为高等教育溢出效应这一理论观点，并对这一观点的理论内涵进行阐释，进而概括出家庭流动作为一种高等教育溢出效应在实践中的具体表现类型，分析个体高等教育获得如何直接或间接地影响家庭流动，以及这种家庭流动呈现何种样态和特点，进一步深入挖掘家庭流动作为高等教育溢出效应的形成原因、内在规律，尝试对其发展趋势进行预测和展望。

考虑到家庭流动的复杂性，对其描述和呈现方式的适切性要求较高，尤其是家庭流动的原因、流动过程、流动方式的丰富多样，使研究者难以简单采用量化的方式对其进行准确地定义和表达。本书主要采用质性研究与量化研究相结合、宏观分析和微观调研相结合，理论与实践相统一的方法，以质性研究为主，辅以适当的量化分析，具体包括观察法、问卷调查法、深度访谈法，以及少量的统计分析。通过对已有文献的阅读、调研和访谈、统计数据分析、资料查阅和深入研究来呈现接受高等教育的个体带动家庭流动的真实情况，并通过对现状的描述和分析，发掘和研究其背后的原因、动力及条件支撑。在实际调研过程中，我们通过滚雪球抽样，对185位接受高等教育并带动家庭成员实现地域流动的个体进行了问卷调查，回收有效问卷151份，并对其中35位具有鲜明代表性的个体开展了质性访谈，重点考察个体如何通过高等教育获得实现其家庭的流动。

基于调查和访谈的实证分析，我们将家庭流动划分为两条路径：第一条路径为直接路径或直接方式，是个体在接受高等教育的过程中产生的家庭流动，接受高等教育个体的家庭成员从原籍地流动到接受高等教育个体就读所在地；第二条路径为间接路径或间接方式，是高等教育获得者在完成高等教育后形成的家庭流动，指其家庭成员从原籍地流动到高等教育获得者工作和生活所在地。根据研究的需要，我们对个体高等教育获得影响家庭流动的两条路径或两种方式，在不同的研究问题中分别进行阐述。

整体来看，本书以个体高等教育获得与家庭流动的关联为主线，探索分析个体高等教育获得对家庭流动的影响过程、实现方式及相关问题。研究内容与研究思路如图0-1所示，具体包括：与个体高等教育获得相关联的家庭流动、个体高等教育获得带动家庭流动的理论阐释、个体高等教育获得引起家庭流动的实践类型、个体高等教育获得引起家庭流动的形成因素、家庭流动作为高等教育溢出效应的内在规律、个体高等教育获得引起家庭流动的趋势展望和结语。

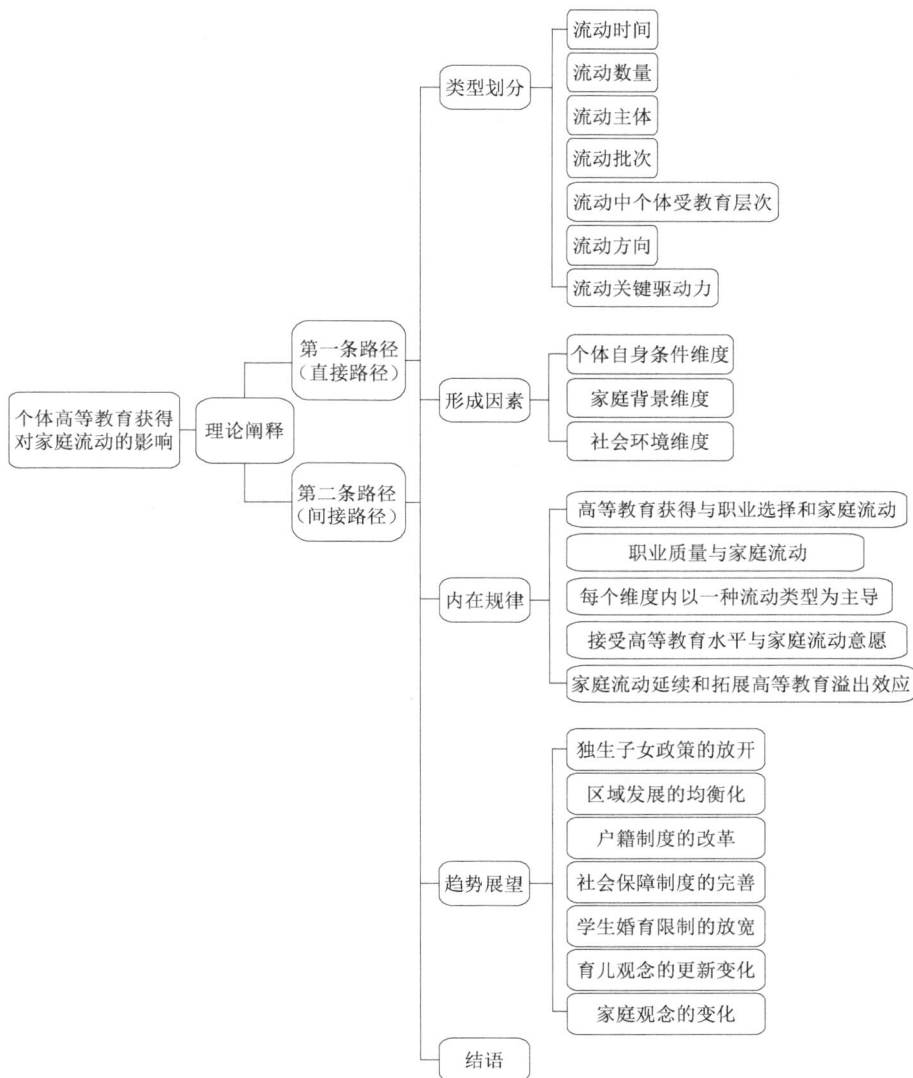

图 0-1　研究内容与研究思路

1）与个体高等教育获得相关联的家庭流动。介绍和阐释本书的选题背景、研究问题、研究对象、研究视角、研究价值、研究方法等背景性内容与核心概念，评述已有的相关研究，设计本书的研究路径、基本脉络与逻辑框架。

2）个体高等教育获得带动家庭流动的理论阐释。我们在调研与访谈的过程中，发现迁移法则和推拉理论对研究个体高等教育获得带动的家庭流动具有一定的解释力和理论的适切性，迁移法则的分析框架和理论假设、推拉理论的理论内涵及分析视角，适用于本书对个体高等教育获得与家庭流动之间关系的理论阐释和逻辑分析。

3）个体高等教育获得引起家庭流动的实践类型。基于对调研和访谈案例的深入剖析，在直接和间接两条路径中，从流动时间、流动数量、流动主体、流动批次、流动中个体受教育层次、流动方向、流动的关键驱动力七个维度，描述个体高等教育获得引起家庭流动的样式和形态，尽可能准确地呈现这种家庭流动的现状和特点，并总结和归纳出家庭流动的实践类型。

4）个体高等教育获得引起家庭流动的形成因素。综合运用访谈数据和问卷统计结果，从个体自身条件、原生家庭背景和所处社会环境三个维度解释它们在整个家庭流动过程中的相互作用关系。探讨个体所在的家庭地位、个体收入水平、个体接受高等教育水平、个体居住条件、个体育儿观念、家庭结构、家庭资本、家庭文化心理与情感依赖程度、户籍制度、城乡差异、区位差异等因素，是如何通过相互作用影响接受高等教育的个体带动家庭流动的。

5）家庭流动作为高等教育溢出效应的内在规律。探究个体接受高等教育的层次和水平、职业质量、家庭流动意愿形成等要素之间的相互关联和作用关系，分析这些因素对家庭流动产生影响的方式和过程，抽象和概括家庭流动作为一种高等教育溢出效应的内在形成规律。

6）个体高等教育获得引起家庭流动的趋势展望。在已有实践研究和学理分析的基础上，结合我国宏观制度环境的发展变革，以及微观个体和家庭观念的更新变化，尝试对个体高等教育获得引起家庭流动的发展趋势进行预测和展望。

7）结语。对本书的核心观点和主要研究发现做出整理和概括，指出本书的创新与不足之处，为今后继续开展高等教育溢出效应和家庭流动的相关研究提供参考。

我们通过研究和分析发现，家庭流动作为高等教育的一种溢出效应，体现在个体通过高等教育获得不仅有机会改变自身的命运，而且还将带动家庭成员的地域流动，以满足家庭成员在情感、生活、学习和工作等方面的实际需要，构成了高等教育正外部性的具体表现形式之一。它可以促进家庭的稳定、和谐与社会阶层的流动，使受教育者自身及其家庭都能够充分享受到接受高等教育的红利，这种影响对社会而言是正向的、健康的和有益的。当越来越多的社会个体意识到家庭流动作为高等教育的溢出效应，可进一步改变家庭的命运，从而实现地域流动的梦想。选择接受更高阶、更优质的高等教育将会成为实现家庭流动更加有利的可能性因素时，这将有利于进一步促进高质量高等教育的发展，但同时也难以避免地会加剧现阶段高等教育获得者选择到大城市和经济发达地区就业、生活的激烈竞争，进一步加剧人口流向的不平衡，形成一定的负面效应。

秦惠民　王名扬

目　　录

图 目 录

表 目 录

第一章

与个体高等教育获得相关联的家庭流动

第一节 高等教育引发的一种社会现象和问题思考

一、由高等教育带动的家庭流动

我国恢复高考制度以来，全国各类高等教育在学总规模由 1978 年的 228 万人增长到 2017 年的 3779 万人；高等教育的毛入学率由 1978 年的 2.7% 上升到 2017 年的 45.7%。[①]我国高等教育的发展已由精英化阶段跨入大众化阶段，个别地区已进入到普及化阶段，例如，北京在"十二五"时期，高等教育毛入学率已达到 60%。[②]在宏观层面，接受高等教育人数的增长和高等教育水平的提高，使我国高等教育在实现国家现代化、促进经济与社会发展及建设人力资源强国的过程中，作用愈益突显。在微观层面，高等教育不仅改变了受教育者个体的人生轨迹，同时影响甚至在一定程度上决定着高等教育获得者所在家庭的生存状态。

我国的高等学校目前主要分布在发达地区、省会城市和东南沿海地区，换言之，教育中心往往与政治、经济与文化中心重合，大学分布的非均衡度很高。[③]与之相随的一种现象是：一方面，优质的高等教育资源地理分布的集群现

---

① 教育部.《2017 年全国教育事业发展统计公报》.http://www.moe.gov.cn/jyb_sjzl/sjzl_fztjgb/201807/t20180719_343508.html（2018-07-19）[2018-08-19]

② 北京市教育委员会.北京市"十三五"时期教育改革和发展规划.http://jw.beijing.gov.cn/xxgk/ghjh/201702/t20170221_17927.html(2017-02-21)[2018-08-19]

③ 沈鸿敏，刘求实.我国高校地区分布非均衡问题及其影响分析.教育发展研究，2008，（01）：16-20

象使得接受高等教育个体"异地求学"成为常态，求学地和家庭所在地的分离使父母和子女、夫妻之间的情感和生活依赖难以得到满足，陪读现象由此产生，家庭流动随之形成；另一方面，接受高等教育的个体毕业后大多倾向于留在经济和社会发展水平较高、环境又相对熟悉的学校所在地就业，并在工作一段时间且物质条件积累到一定程度后，在各种因素的影响和推动下，往往出现带动家庭跨地域流动的情况。

伴随我国高等教育大众化的发展，个体因接受高等教育带动家庭流动已成为一种较为普遍的现象，且规模日益增大。这种人口流动的新样态，值得我们对其成因、方式、类型、规律和趋势等问题进行深入研究。

本书的核心问题是：个体高等教育获得与其家庭流动之间存在着何种影响和互动关系？我们将这个问题具体解构为以下五个子问题：

1）个体高等教育获得如何影响家庭的流动？具体通过何种路径带动和形成家庭的流动？

2）结合个体高等教育获得引起家庭流动的实证案例，家庭流动可划分为哪些实践类型？家庭流动的不同实践类型又分别呈现出何种样态及特点？

3）个体高等教育获得引发家庭流动的原因是什么？在不同路径中，哪些因素深刻影响着接受高等教育个体带动家庭流动的决策？

4）个体接受高等教育的层次和水平、职业质量、家庭流动意愿的形成等要素之间存在着哪些联系和内在规律？它们之间如何相互作用并对家庭流动产生影响？

5）个体高等教育获得引起家庭流动的未来发展趋势如何？国家制度、社会环境、个体观念将分别对家庭流动的趋势产生何种影响？

二、家庭流动是高等教育的一种溢出效应

（一）以溢出效应为视角，研究高等教育带来的家庭流动

溢出效应是经济学中的一个常用概念。高等教育的溢出效应有多种理解角度。一般来说，它可以被看作是除个体得到高等教育收益之外，社会所获得的来自高等教育的影响和作用。本书所关注的个体高等教育获得对家庭流动的影响，是从社会学人口流动的角度出发，探究高等教育溢出效应的一种新表现，即在高

等教育对接受高等教育个体产生作用之外，个体的家庭受到其接受高等教育的影响而产生地域间流动的情况和问题。高等教育不仅提高了受教育者自身的知识水平和相关能力，而且直接或间接地带动了个体和家庭在地域间的流动。

（二）以家庭流动为研究对象，丰富人口流动的相关研究

人口学中关于家庭流动的研究主要是把家庭作为流动的单位，研究内容主要针对家庭流动的人口学特征，包括原因、成员、职业、经济状况等。在研究过程中，更多的是把家庭流动作为一种现象和原因，以此为出发点研究相关特殊群体的问题，如女性农民工就业、家庭成员就业等。而当前的研究较少将家庭流动视为一种结果，分析这个结果的产生和形成过程。本书以家庭流动为研究对象，分析了部分家庭流动产生的过程。这与人口学的研究路径有很大不同，有助于丰富人口流动的相关研究，为部分家庭流动的情况提供解释。

（三）关注高等教育与社会流动，拓展高等教育功能的研究视域

古代中国是一个长期封闭的农业社会，以经营土地为主的封建生产方式长期占据着统治地位。在此基础上形成的安土重迁、故土难离等价值观念，以安居乐业和"士者恒士，农者恒农"为理想目标，背井离乡被视为一种负面价值，人们往往对人口流动持排斥态度。因此，古代中国人口流动和家庭流动较少，主要是由于政治统治的需要、自然环境的变化、灾荒和战乱，以及移民支边、垦荒戍疆等被迫产生的人口流动。

接受教育、参加科举考试是中国古代社会中个体实现向上社会流动的一条重要途径，它不仅能够直接产生个体的社会流动，而且能够带动其父母和其他家庭成员的横向地域流动。由这种社会流动带来的人口流动乃至家庭流动，说明教育作为一种个体社会流动的渠道，同时具有促进个体及其家庭地域流动的双重功能。异地接受高等教育是现代高等教育的一个普遍现象，个体接受高等教育后选择在异地就业和生活，由此引起的家庭地域流动是高等教育的一种溢出效应。对此进行深入研究是高等教育研究的一个新视域，有利于我们深化和拓展对现代高等教育功能的认识。

第二节　与高等教育溢出效应和家庭流动有关的研究视角

一、关于高等教育溢出效应的研究

溢出效应是一个在经济学领域中使用的术语，常与外部性交替使用。外部性是发生在买者和卖者之间的市场交易中不付费的第三方的效应。可能有正面效应，如好处向他人溢出；也可能有负面效应，如强加于他人的成本。外部性经常被用来证明某个政府行为的正确性；鼓励产生正的外部性，并禁止或阻碍产生负的外部性。[①]教育经济学研究者在研究高等教育的收益溢出效应和高等教育的资源溢出效应时，会使用这一概念并对其做出进一步的阐释。

（一）高等教育的收益溢出效应

付剑茹等以地方高等教育收益溢出效应的视角，对我国高等教育财政转移支付问题进行研究，结果表明地方政府由于高等教育收益外溢而减少了对本地区高等教育的财政投入。[②]陈祎和阎开在 Nelson-Phelps 模型的基础上建立了一个将技术溢出与教育收益率联系起来的模型，将教育收益率对于教育年数的导数分解为技术溢出效应与收益递减效应，指出像中国这样收入水平相对较低但经济增长强劲的发展中国家，"技术溢出效应"比其他国家更强，而"收益递减效应"则不显著，因此会出现教育收益率随着教育年数的增加而增加的情况。[③]"'我国区域高等教育产出效率和空间溢出效应研究'成果报告"显示，我国高等教育产出效率区域分布呈中部高、东部和西部低的态势。高等教育投入、产出的省际分布不均衡，存在异质性；普通高等教育投入与产出总量在我国东中部地区呈现高

---

①　弗兰克·N·马吉尔.经济学百科全书.吴易风,主译.北京：中国人民大学出版社,2009：537

②　付剑茹,何庆江,刘分龙.我国高等教育财政转移支付问题研究——基于地方高等教育收益溢出效应的视角.高等财经教育研究,2013,16（04）：1-5

③　陈祎,阎开.中国教育收益率的结构分析——基于技术溢出的视角.南方经济,2010,（08）：61-74,84

值省域与高值省域聚集状态，而西部地区则呈现低值省域与低值省域聚集态势；省际高教投入与产出的属性值主要呈现正向空间自相关的依赖关系；相邻省域投入、产出指标存在空间溢出效应。[①]

（二）高等教育的资源溢出效应

宫照军对母体高等学校优质办学资源的溢出而产生的独立学院的研究表明，通过溢出高等教育办学资源，能促使一批较高水平的应用型民办高等教育院校高速发展，表明了溢出效应在市场化的高等教育领域中具有重大作用的观点，并认为如何建立一种机制促使溢出效应高效、持续地发挥作用，是促进我国高等教育均衡发展、提高高等教育整体水平的重要手段。[②]刘祖良和高桐杰对大学集群——溢出发展模式的研究，从不同的角度将集群——溢出发展模式分成了10种模式，得出了我国大学群集聚——溢出发展的对策。[③]李琼利用1999～2010年10个省、自治区和直辖市的面板数据，结合菲德两部门模型的同时，运用部分变系数面板数据模型，对我国西部地区高等教育支出对地区增长的经济效应进行了实证分析，并得出结论，高等教育投资是地区经济发展的重要因素，也是促进经济增长的主要动力，教育投资的波动与地区经济增长的波动密切相关，必须正确处理好高等教育部门与非高等教育部门之间的关系。[④]

二、关于高等教育与人口流动的研究

（一）人口流动和社会流动

1. 人口流动

人口流动是社会流动的主要形态之一，指暂时离开定居地点，前往他地从事各种经济活动或非经济活动，并不时回返的人口移动。这里所指的流动人口不

---

① 全国教育科学规划领导小组办公室．"我国区域高等教育产出效率和空间溢出效应研究"成果报告．大学（学术版），2013，（07）：75-79

② 宫照军．高水平大学办学资源溢出：独立学院发展模式研究．国家教育行政学院学报，2011，（10）：53-58

③ 刘祖良，高桐杰．我国大学群集聚—溢出发展研究：模式·状况·对策．现代教育管理，2011，（08）：25-28

④ 李琼．高等教育投资对西部地区经济增长的外溢效应研究．江西教育学院学报，2013，（01）：5-8

包括改变了户口户籍的长久性迁移人口。根据我国人口流动的现状和不同标准，可将人口流动分为不同的类型。①

按照人口流动的性质，可分为：劳务型人口流动，如进城务工的建筑工、装卸工、保姆、维修工等；商业型人口流动，如集贸摊贩、生意人等；开发型人口流动，如在土地宽余地区的富裕农民、金银产地涌来的淘金者等；公务型人口流动，如公差人员、文化交流人员、驻外地办事处工作人员等；探访型人口流动。①

按照人口流动方向，可分为：农村—农村型人口流动，如在农村承包工程的包工队、帮工等；农村—城镇型人口流动，如进城工作的务工经商人员；城镇—城镇型人口流动，如因公开会或学习进修、旅游观光人员的流动等；城镇—农村型人口流动，如城市对农村进行科技转让承包、技术咨询服务、智力开发等方面的人口流动等。①

按照人口流动的往返方式，可分为：定期往返型人口流动，即白天前往他地工作，晚上回到原居住地或规律性地定期返回居住地一次；非定期往返型人口流动，即季节性地流向城市或其他农村地区，寻找工作以补贴家庭收入的不足；一次性往返型人口流动，一般是为了达到特殊目的而进行的流动，目的达到后即返回原居住地，在一定时期内不再流动。①

2. 社会流动

社会流动是指社会成员从一种社会地位转移到另一种社会地位的现象。社会流动是从动态的角度，分析、描述社会阶层结构分化中各阶层的互动、动力机制、时空范围、方向和速度，是研究社会阶层结构分化的量变过程。"一个公平、公正的社会能够给底层民众提供向上流动的渠道，当底层人群拥有改变命运的机会时，他们才会对未来充满希望。因此，正常的社会流动可以使社会充满生机和活力，并能够有效维持社会的安定和团结。自古以来，教育就是社会底层人群向上流动的重要机制。即使在阶级社会里，通过教育来吸纳下层精英，并通过教育再制一种既定的社会结构，也是统治阶级维护自己优势地位的有效途径。"②

社会流动受诸多因素的影响和制约，包括社会因素和个体因素。关于影响

---

① 明庆华.我国当代人口流动的教育社会学分析.湖北大学学报（哲学社会科学版），1996，（04）：100-103
② 张国强.因教致贫的社会学分析.高等教育研究，2007，（03）：41-45，51

社会流动的社会因素，有学者认为，主要是分层体系分化与组合的原则、社会继替原则、社会其他方面分化的方向和程度、含有流动规范在内的社会制度和社会政策、文化价值观念。影响社会流动的个体因素可以分为先赋条件和自致条件。[①]

高等教育与社会分层关系的研究一般从两个方面来进行：一个是高等教育对社会分层的影响；另一个是社会分层对高等教育的影响。高等教育对社会分层的影响，主要研究接受高等教育对人们职业、地位、收入等方面的影响，即高等教育在社会流动中的作用；社会分层对高等教育的影响主要研究社会分层对学业成败、学历水平及教育机会等方面的影响。

（二）高等教育与人口流动的关系

唐慧君和彭拥军认为，高等教育对农村社会的影响主要体现在农村人口向城镇流动和农村职业地位的提升等方面。高等教育大众化一方面成为农村人口流动、农村职业地位提升和农村基础教育发展等方面的积极动因；但另一方面，受城乡之间的天然差异和制度性障碍等因素的影响，高等教育大众化也给农村社会流动带来了很多不利影响。[②]葛玉好等运用扩展的托达罗人口流动模型分析了我国大学生就业地域选择的多元化趋势。经研究发现以下结论：第一，城市间的收入差距、就业机会可获得性的差别是影响大学生选择就业区域的主要原因；第二，心理成本也是重要影响因素；第三，相比职业发展前景，大学生在选择就业区域时更重视短期的货币收入。[③]周骏宇和李元平从人口流动的视角，分析了我国大学生毕业时的城乡流动选择、地区流动选择、行业（部门）流动、城市流动选择，以及"先毕业后择业"与"一步到位"等现况。同时指出，大学生就业难的本质在一定意义上是人口流动高度单向化的问题，产生这一现象的根本原因是不同区域和行业间收入差距过大，以及户籍制度对毕业生流动的限制等，解决大学生就业"难"要从切实缩小二元经济差距入手。[④]

---

① 转引自：张德祥.高等教育在社会流动中的作用.社会科学辑刊，1997，（03）：42-47
② 唐慧君，彭拥军.高等教育大众化对农村人口流动的影响.大学教育科学，2007，（01）：94-97
③ 葛玉好，牟小凡，刘峰.大学生就业地域选择的影响因素分析——基于扩展的托达罗人口流动模型.中国人民大学教育学刊，2011，（04）：81-89
④ 周骏宇，李元平.人口流动视角下大学生就业问题研究——基于中西部地区部分高校学生的调查.教育发展研究，2010，（11）：19-23

（三）高等教育与社会流动的关系

1. 高等教育对社会流动的影响

"一般认为，高等教育对社会流动的作用与影响主要体现在高等教育的结果影响学习者社会地位的获得，制约一定的社会阶级与阶层的结构形成，对人有分化与选择作用。高等教育本身又由于教育类型、受教育年限、学科种类、专业等形式和层次的不同而具有对从业人员的分层作用。通过教育活动内部和教育过程中受教育者取得学业成就的分化和分层，人们进而获得不同的教育资格证书或文凭，社会对不同的受教育人群做出对应性的选择，形成了不同的职业阶层。高等教育所实行的是专业教育，不同专业培养不同类型的人才，对应社会不同行业，实现社会多元化发展，高等教育无形中促进了社会水平流动。另外，高等教育包括研究生教育、本科教育和专科教育，这种不同层次的人才培养促进了社会垂直流动。"[1]

兰德尔·柯林斯指出，"在现代美国，教育在取得职业成就的过程中已变得极为重要。因此，在分析产生社会成层和社会流动的原因时，教育占据了中心地位"[2]。美国学者托马斯·福克斯和 S. M. 米勒的一项关于社会流动的研究结果表明，有两种情况看起来最能促进上向流动：先进的工业发展和大规模的教育普及。克里斯托弗·詹克斯和他的同事们在《谁将领先？》一书中说："一个青年人的最终地位和工资收益的最明显可见的预兆就是他的受教育年限。"[3] Haveman 和 Smeeding 认为，代际的阶级再生产的趋势虽然很明显，但是高等教育对社会流动的影响还是显而易见的。因此国家应大力发展助学贷款等措施，帮助低收入阶层的学生接受高等教育，以促进社会流动和社会公平。[4] 陆学艺专门探讨了社会流动的问题，在《当代中国社会流动》中指出了教育地位的获得、职业地位的获得对社会流动的影响。[5] 邱建新认为与农村劳动力相比，转移劳动力的受教育程度和专业技能相对较高，且受教育程度与其经济收入呈正相关；教育程度影响

① 谭璐，陈云芳.高等教育与社会流动.赤峰学院学报（汉文哲学社会科学版），2009，（07）：136-138
② 兰德尔·柯林斯.教育成层的功能理论和冲突理论 // 张人杰.国外教育社会学基本文选（修订版）.上海：华东师范大学出版社，2008：35
③ 转引自：戴维·波普诺.社会学.刘云德，王戈译.沈阳：辽宁人民出版社，1987：37-38
④ Haveman R，Smeeding T. The role of higher education in social mobility.The Future of Children，2006，（16）：125-150
⑤ 陆学艺.当代中国社会流动.北京：社会科学文献出版社，2004：180

着转移劳动力的职业选择和评价，农村专业劳动力整体文化程度与其水平流动相关。① 陈振中在其博士论文中对教育身份的核心概念进行了全面阐释，提出获得以文凭为标志的教育身份是人们接受教育的真正动因，因此教育身份对人们社会地位的安排有重要影响；教育身份的赋予功能实质上是一种影响人们社会流动和社会分层的功能，教育成为一种新的社会分层因素。② 胡传明和张冬平从教育公平的角度提出适合的教育是破解城乡代际继承效应的关键，是农村弱势群体向上社会流动的重要动力。③ 彭拥军和潘懋元从理论基础、社会基础入手，对高等教育影响农村社会流动进行了微观和宏观方面的分析，并得出了高等教育对农村社会流动产生重要影响的结论。④

2. 社会流动对高等教育的影响

综观社会分层与高等教育的互动关系可以看出，在我国当前社会条件下，社会分层对高等教育的影响是全方位的、具有决定意义的，不同社会阶层在对高等教育资源的享有和利用上存在着显著差异，导致高等教育不平等现象的客观存在；在资源有限的情况下，高等教育在推动社会进步发展的同时，又恰恰是造成社会分层的核心性要素，是社会阶层流动的催化性动因，是制造社会阶层矛盾、消长两极分化的隐形杀手。⑤ 秦玉友和杨兆山从农村社会阶层的结构现状、流动特点和未来流动趋势，研究了农村阶层与农村教育的关系取向问题，指出农村社会阶层结构与农村教育发展关系取向应该由单向决定论走向互动论，并且在农村社会阶层结构分析、农村社会阶层的结构与农村教育发展关系取向研究的基础上，重新思考农村教育发展的定位问题。⑥

三、关于流动人口家庭化的研究

在农业人口城镇化和小城镇人口大城镇化的宏观背景下，不管是作为流动

---

① 邱建新. 浅析农村劳动力转移与教育的关系. 成人教育，2003，（11）：10-11

② 陈振中. 论教育身份. 华东师范大学教育学博士学位论文，2005

③ 胡传明，张冬平. 教育公平：破解城乡代际继承效应的关键——关于推进教育公平的思考. 南昌大学学报（人文社会科学版），2007，（05）：143-147

④ 彭拥军，潘懋元. 高等教育与农村社会流动. 高等教育研究，2007，（03）：81

⑤ 李玉杰. 论高等教育对社会分层与社会流动的影响. 教育科学，2009，（01）：72-75

⑥ 秦玉友，杨兆山. 农村社会阶层结构变迁与农村教育发展重新定位. 当代教育科学，2004，（22）：9-11

人口主体的乡—城流动人口、还是规模相对稳定的城—城流动人口，流动模式都呈现愈发明显的家庭化态势。20 世纪 90 年代以来，我国农村人口流动在规模不断扩大的同时，其结构也发生了重大变化，最显著的结构变化是由分散的、跑单帮式的流动向家庭式流动转变。① 家庭式流动是人口流动发展到一个新阶段的自然产物，是流动人口群体对城市生活空间提出的新挑战，是中国城镇化进程中的一个重要现象，也是加快推进城镇化步伐和提高城镇化质量的必然要求。个体作为家庭的一员，其流动行为既是家庭决策的结果，也对家庭及其他家庭成员的流动产生深刻影响。就当前我国的流动人口家庭化情况而言，家庭式流动并非总是一次性举家完成的，更普遍的是呈现出一个逐渐实现的复杂过程。

通过整合相关文献我们可以发现流动人口家庭化具有以下两个特点：①流动人口家庭化研究中普遍把"农民工"这一主体作为研究对象。虽然现实中农民工、民工潮占家庭化流动中的大多数，但还有一定比例的流动人口不属于这一群体，例如通过接受优质的高等教育而改变自己生活环境的学生、通过婚姻形式迁移到某一区域的配偶及其原有家庭成员等；②从流动人口家庭化的流动方向上来看，绝大多数的研究关注从乡村到城市的流向，并对这一流动过程中的相关问题展开研究。

（一）流动人口家庭化的内涵

陈贤寿和孙丽华认为，"流动人口家庭化，是当前流动人口变动的一个新特点。流动人口家庭化是指流动人口中，由于血缘关系而组成的独立家庭，可简称为家庭式流动人口"②。侯佳伟认为，流动人口家庭化基本含义有二：一是未婚流动人口在流动过程中组成家庭；二是某些家庭中由一个或部分家庭成员流动转变为整个家庭的流动，即流动者由个体转变为家庭。③

（二）流动人口家庭化的成因

郭江平认为，农村人口流动家庭化的产生原因主要包括经济因素和社会因

---

① 立摘 . 我国人口流动趋向家庭化 . 南方农村，2003，（06）：44
② 陈贤寿，孙丽华 . 武汉市流动人口家庭化分析及对策思考 . 中国人口科学，1996，（05）：44-47
③ 侯佳伟 . 人口流动家庭化过程和个体影响因素研究 . 人口研究，2009，（01）：55-61

素。从经济因素上看：①农村人口流动家庭化是该家庭的核心成员通过流动实现了自身身份蜕变而带来的结果；②农村人口流动家庭化是农民家庭经过经济利益的权衡比较而作出的理性选择。从社会因素上看：①以血缘、亲缘和地缘为纽带的人口流动促进了流动人口家庭化；②浓厚的亲情与家庭观念刺激了流动人口家庭化；③流动人口家庭化是流动者为了下一代成长而作出的决策。[①] 陈贤寿和孙丽华认为，流动人口家庭化的形成与发展主要包括以下四种原因：①城乡差别的影响；②丰厚的收入是建立家庭的基础；③个人追求稳定和发展；④流动人口管理不到位。[②] 陈卫和刘金菊通过建立 Logistic 回归和 Cox 回归模型，从个体特质和家庭因素两方面对人口流动家庭化的影响进行显著性分析，并得出流动人口家庭化的决策受到个体特征和家庭因素的显著影响的结论。[③] 侯佳伟认为，流动人口分批举家进入北京的过程中，第一批"当家人"的个体特征对家庭能否一次性迁入、每批迁入的间隔时间等都起到重要的影响作用。"当家人"为女性的家庭，比为男性的一次性迁入的可能性大 2.2 倍。"当家人"来京时的年龄和来京年份对能否一次性迁入起着显著的正向影响作用，"当家人"的受教育程度及其家庭规模起着负向影响作用。从事个体经营的流动人口家庭一次性迁入的可能性更大，而工人和家政服务人员等职业则很难一次性将全家搬到北京。第一批"重要人"来京时的年龄、性别、受教育程度、来京年份及家庭规模都对家庭发生第二批、第三批成员入京起着正向的影响作用。其中来京年份具有显著的影响作用，并且呈现出一个明显的趋势，即流动人口家庭化的速度在不断地加快。[④] 王海英从女性农民工非正规就业与农民工家庭流动这一角度，认为非正规就业对农民工家庭流动起到极大的推动作用：①非正规就业能够促进女性农民工的就业；②非正规就业推动就业市场的完善，减少家庭流动的风险；③非正规就业需求大，能够满足家庭流动的女性农民工需求。[⑤]

（三）流动人口家庭化的现状

1）从流动人口家庭化的流动趋势上看，段成荣认为，从世界范围来看，流

① 郭江平.农村人口流动家庭化现象探析.理论探索，2005，（03）：56-58
② 陈贤寿，孙丽华.武汉市流动人口家庭化分析及对策思考.中国人口科学，1996，（05）：44-47
③ 陈卫，刘金菊.人口流动家庭化及其影响因素——以北京市为例.人口学刊，2012，（06）：3-8
④ 侯佳伟.人口流动家庭化过程和个体影响因素研究.人口研究，2009，（01）：55-61
⑤ 王海英.女性农民工非正规就业与农民工家庭流动.文史博览，2006，（08）：60-61

动人口大致有三个阶段：一是先锋阶段，二是家庭化阶段，三是大众化阶段。[①]
陈卫和刘金菊认为，我国的人口流动在经历浩浩荡荡的先锋阶段以后，已经开始
进入流动的家庭化阶段。[②]侯佳伟认为，就北京地区的流动人口家庭化过程来看，
可将流动趋势分为三个阶段：萌芽期（1989 年以前）、发展期（1990～1999 年）
和鼎盛期（2000 年至今）。[③]根据胡玉萍的研究，2005 年在北京市举家迁移流动
的家庭已占全市常住人口家庭总数的 1/10。[④]周皓根据人口普查资料分析认为，
人口迁移的家庭化趋势是 20 世纪 90 年代人口迁移与流动的主要特征，而且这种
家庭化迁移是以核心家庭为基础的。[⑤]

2）从流动模式上看，杨菊华和陈传波将其分为非家庭式流动、半家庭式流
动和完整家庭式流动三种模式。非家庭式流动模式即只有一个人、没有与任何家
庭成员一起在流入地生活。半家庭式流动模式即部分核心家庭成员（可能是配
偶，可能是子女，也可能是未婚受访者的父母和未婚的兄弟姐妹）没有进入流入
地与流动人口一起生活。完整家庭式流动模式（也称"举家流动"）即核心家庭
成员不是以个体或部分家庭成员，而是以完整家庭的形式离开流出地、进入流入
地，至少有两个核心家庭成员（如尚无子女的夫妻）共同在流入地生活或工作。
这里又牵涉两种不同情况：举家一次性流动和渐进式家庭流动。前者是指全部核
心家庭成员在同一时间到达同一地点；后者是指核心家庭成员并非一次性进入流
入地，而是在时间上采取渐进式、分批次的方式进入流入地，通常有先行者和追
随者之分。[⑥]

3）从流动现状上看，侯佳伟认为，举家流动已经成为流动人口的一个新的
典型特征。2000 年流动人口家庭化开始进入鼎盛期，人们通常不再单身外出，
而是举家同迁，或是接亲属入京。有研究发现，流动人口家庭化程度已经比较
高了。71.9% 的家庭已经全部实现核心家庭成员入京。其中 38.9% 的家庭是一次
性"举家迁移"到北京的，42.9% 的家庭分两次完成家庭成员全部入京，16.0%
的家庭是分三次。换句话说，97.9% 的家庭至多通过三个批次的迁徙即可把全家

① 立摘.我国人口流动趋向家庭化.南方农村，2003，（06）：44
② 陈卫，刘金菊.人口流动家庭化及其影响因素——以北京市为例.人口学刊，2012，（06）：3-8
③ 侯佳伟.人口流动家庭化过程和个体影响因素研究.人口研究，2009，（01）：55-61
④ 胡玉萍.留京，还是回乡——北京市流动人口迁移意愿实证分析.北京社会科学，2007，（05）：40-45
⑤ 周皓.中国人口迁移的家庭化趋势及影响因素分析.人口研究，2004，（06）：60-69
⑥ 杨菊华，陈传波.流动人口家庭化的现状与特点：流动过程特征分析.人口与发展.2013，（03）：2-13，71

"搬"进北京。[1] 陈卫和刘金菊认为，北京市的流动人口家庭化率已高达 60%。主导流动人口家庭模式的是以夫妻户和夫妻及孩子户为主的核心家庭，以一代户和二代户为主，三代户比例极小。流动人口家庭规模明显小于一般家庭。流动人口的家庭化实际上是以携带配偶为主的，近 3/4 的已婚流动人口携带了配偶。而有子女的流动人口中，有近一半的子女还留在原籍地。[2]

（四）流动人口家庭化的过程

侯佳伟在文章中对人口流动家庭化过程进行了分析，发现家庭中一般担当先行者职责的多是青壮年男性，他们受教育水平相对较高，来京后多从事劳动强度大、技术含量高的职业，后来者则多是妇女儿童等随迁家属。相比较而言，家庭式流动能使社会更加和谐、稳定地发展，但是家庭式流动与单身流动相比存在诸多差异，它对住房、医疗、就学、社会保障等提出了更多、更高的要求。[1]杨菊华和陈传波认为，不管是流动模式、流动批次和时间间隔，抑或是流动的先行者，不同地区呈现出不同的特点。经济越发达的地区，完整家庭式流动的比例越低，流动过程越长（即流动批次越多，各批次之间的间隔时间也越长）。在未来的流动中，更多的核心家庭成员将选择一次性式的流动，家庭化流动趋势已经成为并将继续成为人口流动的主流模式特征。[3]

（五）流动人口家庭化的影响

学者们对流动人口家庭化的解读主要包括以下三个维度。

1）积极影响与消极影响维度。郭江平认为，就其积极效应而言，主要包括以下三个方面：①流动人口家庭化有利于农业劳动力的非农化；②流动人口家庭化提高了城镇化水平；③流动人口家庭化有助于加强对流动人口的管理。就其弊端而言，主要体现在两个方面：①在农村，由于目前土地制度不太适应农村人口流动的新形势，大量的耕地在农民举家流动后被撂荒，或是给未流动农民以粗放经营的方式代为耕种；②流动人口家庭化也给城镇带来了一系列管理上的难

---

① 侯佳伟．人口流动家庭化过程和个体影响因素研究．人口研究，2009，（01）：55-61
② 陈卫，刘金菊．人口流动家庭化及其影响因素——以北京市为例．人口学刊，2012，（06）：3-8
③ 杨菊华，陈传波．流动人口家庭化的现状与特点：流动过程特征分析．人口与发展，2013，（03）：2-13，71

题。① 王海英认为农民工家庭流动的优势有：①节省流动的交通成本和时间成本；②照顾夫妻生活；③照顾子女的学习和成长。② 陈贤寿和孙丽华认为其主要消极影响在于：①增加了城市管理难度；②加重了城市供应负担；③加剧了城市计划生育管理难度；④增加了教育和就业负担。③

2）家庭流动对人口就业状况的影响维度。张航空和杜静宜使用中国人民大学人口与发展研究中心 2009 年组织的流动人口调查数据，通过 Logistic 方法和多元线性回归方法对样本进行分析，最终得出结论，即家庭流动对男性和女性流动人口均有影响，对女性流动人口的影响更大，男性流动人口的就业可能性和工作时间受到影响，而女性流动人口的就业可能性和收入受到显著影响。④

3）家庭流动对父权制的影响维度。金一虹探讨了农村家庭在现代化变迁的过程中，家庭父权制如何得以延续。⑤

（六）促进流动人口家庭化健康发展的措施

陈贤寿和孙丽华认为，控制流动人口家庭化的对策思考主要包括：①改变观念，形成共识；②控制数目，提高素质；③经济制约，责任落实；④党政齐抓、官民共管。③ 郭江平认为，促进农村人口流动家庭化健康发展的措施主要包括以下五种：①加快城镇化建设进程，多途径实现农村人口的非农化；②创新农地制度，为农村人口流动创造条件；③创新户籍、劳动就业和社会保障等制度，为农村人口流动提供一个平等的机会和广阔的空间；④加大城镇基础设施建设的力度，迎接更大规模的家庭化人口流动；⑤高度重视流动人口中未成年人的受教育问题。① 王海英认为，要引导女性农民工非正规就业，顺应农民工家庭流动潮流的措施主要包括以下几点：①政府应该加强非正规就业市场的规范与管理；②优化社会环境，支持非正规就业市场的发展；③加强信息服务，畅通女性农民工非正规就业的信息获得；④强化社区的服务功能。②

综上所述，流动人口家庭化已经成为人口流动的大趋势，但大多相关研究

① 郭江平.农村人口流动家庭化现象探析.理论探索,2005,（03）:56-58
② 王海英.女性农民工非正规就业与农民工家庭流动.文史博览,2006,（08）:60-61
③ 陈贤寿,孙丽华.武汉市流动人口家庭化分析及对策思考.中国人口科学,1996,（05）:44-47
④ 张航空,杜静宜.家庭流动对流动人口家庭成员就业状况的影响.人口与经济,2012,（05）:40-46
⑤ 金一虹.流动的父权：流动农民家庭的变迁.中国社会科学,2010,（04）:151-165,223

的主体仅停留在农民工家庭化人口流动的层面，流动方向也局限于从乡村到城市，而对于个体接受高等教育所产生的个体流动，以及在此之后所带来的家庭化人口流动的研究还比较少，有必要进行更深层次、专门化的研究和分析。

第三节　家庭流动作为高等教育溢出效应的核心概念

一、高等教育

关于高等教育的概念，不同国家基于政治、历史、文化的差异以及教育体系和高等教育制度的不同而对其界定不尽相同，不同学者由于学科和研究视角的不同对其理解也各有侧重。随着社会的发展和高等教育自身的不断进步，高等教育这一概念的内涵也在不断地丰富。受到学者们相对的认可，并且引用率较高的对高等教育概念的定义有：

在顾明远主编的《教育大辞典》中，高等教育是中等教育以上程度的各种专业教育及少量高等教育机构设置的一般教育课程计划所提供的教育。其含义随历史发展而发展，因国民教育制度的逐渐完善而趋于明确。但各国至今并无统一的严格定义。1962 年联合国教科文组织在非洲举行的关于高等教育的国际会议曾提出如下定义："高等教育是由大学、文理学院、理工学院、师范学院等机构实施的各种类型的教育。①基本的入学条件是受完中等教育（普通、技术、职业中等教育或中等师范教育）；②通常入学年龄为 18 岁；③修完课程即授予相应的学位、文凭或高等学习证书。"但各国所称高等教育，其所指常不尽相同，在教育制度、培养目标、教学内容等方面，亦存在较大差异。①

联合国教科文组织在 1993 年第 27 次大会上将高等教育定义为，"高等教育包括由大学或国家核准为高等教育机构的其他高等学校实施的中学后层次的各种

———————
① 《教育大辞典》编纂委员会.教育大辞典.上海：上海教育出版社，1991：3

类型的学习、培训或研究型培训"①。这个定义的关键在于"国家核准"。通过这两个标准来定义高等教育，有其合理性，但却存在一定的缺陷。这种定义是一种"国家本位的定义"②，强调了国家对高等教育的认可，却未能反映出高等教育多元化的现状。

《中国大百科全书》中将高等教育的概念界定为，"高等教育是建立在中等教育基础之上的各种专业教育。程度上一般分为专修科、本科和研究生班。教学组织和形式有全日制的和业余的，面授的和非面授的，学校形式的和非学校形式的，等等。高等教育一般担负着培养各种专门人才和开展科学研究的双重任务。按各国的传统习惯，实施高等教育的机构通常是大学、学院和专科学校"③。

2015年修订的《中华人民共和国高等教育法》第二条将高等教育界定为："本法所称高等教育，是指在完成高级中等教育基础上实施的教育。"④

潘懋元将高等教育定义为，"建立在普通教育基础之上的专业教育，以培养专门人才为目标"⑤。教育对象的特点是，"一般全日制大学本科学生的年龄是二十岁左右的青年，他们的身心发展已趋于成熟"③。这个定义强调了高等教育在整个教育系统中的地位，以及高等教育对象的特征。

胡建华等将高等教育定义为在完全中等教育基础之上进行的各种学术性、专业性教育。它的内涵规定如下：①中等教育毕业水平为起点是衡量是否属于高等教育的基本尺度；②只要是在中等教育毕业水平之上的学术性、专业性教育，无论其形式如何，都属于高等教育的概念范畴；③高等教育（尤其是全日制高等教育）不仅是一种专业教育，还是一种学术教育，或学术性较强的教育。⑥这个定义对高等教育进行了专业性和学术性的分类。

教育部人事司组编的《高等教育学》，对高等教育的概念从高等教育在整个学制体系中的位置和高等教育的性质两方面加以界定。从高等教育在整个学制体系中的位置来看，高等教育是初等教育、中等教育、高等教育三级学制体系中的

① 郝克明. 当代中国教育结构体系研究. 广州：广东教育出版社，2001：228
② 单鹰. 高等教育原理论. 北京：教育科学出版社，2008：105
③ 《中国大百科全书》总编辑委员会，《教育》编辑委员会. 中国大百科全书. 教育. 北京：中国大百科全书出版社，1985：92
④ 教育部. 中华人民共和国高等教育法. http://www.moe.edu.cn/s78/A02/zfs__left/s5911/moe_619/201512/t20151228_226196.html（2015-12-28）[2018-08-14]
⑤ 潘懋元. 高等教育学（上）. 北京：人民教育出版社，福州：福建教育出版社，1984：3
⑥ 胡建华，陈列，周川，等. 高等教育学新论. 南京：江苏教育出版社，2006：5-6

最高阶段，它是建立在完整的中等教育基础之上的教育。从高等教育的性质来看，高等教育是一种专业教育，是依据专业分工培养高级人才的活动。由于专门人才的类型是多样的，既有学术型、研究型，也有应用型、技术型，因而高等教育作为一种专业教育，既可以是学术性专业教育，也可以是职业性专业教育。因此高等教育的概念可界定为：高等教育是在完全的中等教育基础上进行的专业教育，是培养各类高级专门人才的社会活动。^①

本书采用教育部人事司界定的高等教育内涵，这种定义下的高等教育是建立在完全中等教育基础之上的，并强调高等教育是按照专业类别来进行的人才培养活动，它肯定了高等教育的专业性，同时强调了学术性和职业性的有机结合，不仅包括大学本科以及研究生阶段，也将高等职业教育囊括其中。这个概念界定不仅符合我国多元化高等教育体系的发展现状，还有利于我们在研究中进行统计分析。

二、溢出效应

（一）溢出效应

溢出效应是经济学中的一个常用概念，一是将溢出效应看作是事物的外部性。1890 年，英国经济学家马歇尔（Marshall A）在其著作《经济学原理》中最早提出溢出的概念，将溢出的含义等同于外部性。保罗•萨缪尔森和威廉•诺德豪斯也认为溢出就是外部性，其含义是"一种向他人施加那人并不情愿的成本或者效益的行为，或者说是一种其影响无法完全地体现在价格和市场交易之上的行为"^②。王俊豪也认为溢出是指一定的经济行为对外部的影响，造成企业或个体成本与社会成本、私人利益与社会利益之间相偏离的现象；将溢出效应看作是间接带来的好处或者损失；^③孙兆刚认为，溢出给不能直接或者间接做出决策的厂商或某些人带来好处或造成损失。^④

从类型上看，溢出效应可以划分为知识溢出效应、技术溢出效应和人力资

① 教育部人事司.高等教育学.北京：高等教育出版社，1999：5
② 保罗•萨缪尔森，威廉•诺德豪斯.经济学（第十七版）.萧琛译.北京：人民邮电出版社，2004：301
③ 王俊豪.英国公用事业的民营化改革及其经验教训.公共管理学报，2006，（01）：65-70，78
④ 孙兆刚.知识溢出的路径分析.科技成果纵横，2006，（06）：30-32

本溢出效应等。①知识溢出效应（Knowledge Spillover Effect）。Arrow 早在 1962 年就知识溢出效应对经济的作用做出了解释，他将知识定义为具有溢出效应的公共产品，是投资的副产品。投资的溢出效应一方面可以保证投资的厂商通过积累生产经验提高生产率，另一方面也可以使其他厂商通过学习来提高生产率，从而使整个社会的劳动生产率得到全面提高。[①] Romer 沿着 Arrow 的内生技术进步理论，假定知识是一种资本品，其边际产品是递增的，构造出知识溢出模型。Romer 认为，知识的溢出效应是知识区别于其他普通商品的本质特征，厂商投入生产的知识可以提高全社会的劳动生产率，从而避免了资本的边际生产率由于固定生产要素的存在而无限降低的情况发生。他非常重视知识外部性的作用，认为知识的溢出效应能够使所有厂商受益，进而提高企业及全社会的生产率。[②] ②技术溢出效应（Technology Spillover Effect）是指在贸易或其他经济行为中，先进技术拥有者有意识或无意识地转让或传播他们的技术。[③] ③人力资本的溢出效应（Human Capital Spillover Effect）。卢卡斯（Lucas）将舒尔茨的人力资本理论引入经济增长模型，以解决索洛模型中将外生技术进步作为经济增长驱动力的不足，从而实现经济增长的内生性；在模型建构方面，卢卡斯借鉴罗默提出的知识资本的外部效应建模方法，并借鉴和改进了宇泽的模型处理技术，据此构建了卢卡斯人力资本外溢效应模型。[④] 卢卡斯人力资本溢出效应模型将经济活动分为人力资本生产部门与最终产品生产部门，并假设人力资本的累积有助于提高最终产品部门的生产率水平，表现为人力资本具有部门间正向溢出效应，也可以被解释为一个拥有较高人力资本的人对他周围的人会产生更多的有利影响，并提高全社会的生产率，将人力资本对经济增长的贡献进行了系统地考察。[⑤]

　　参考以上学者的定义，本书使用溢出效应这一概念的含义为：某项活动在进行过程中或者完成实施后，不仅会产生该项活动自身所预期的目标和效益，而且会对从事该项活动的主体之外的其他主体或社会产生某种与该项活动相关联的

　　① Arrow K J. The economic implications of learning by doing. The Review of Economic Studies，1962，（29）：155-173

　　② Romer P. Endogenous technological change. Journal of Political Economy，1990，98（5）：71-102

　　③ 王恕立，张吉鹏，罗勇．国际直接投资技术溢出效应分析与中国的对策．科技进步与对策，2002，（03）：117-118

　　④ 转引自：刘莉，张文爱．基于卢卡斯模型的人力资本外溢效应研究——对重庆的实证检验．西北人口，2014，（01）：27-33

　　⑤ Lucas R E. On the mechanics of economic development. Journal of Monetary Economics，1988，（22）：3-42

正向或者负向的实际影响或外溢性效应。

（二）高等教育溢出效应

将溢出效应的概念应用于高等教育领域，便形成了高等教育溢出效应的概念。广义上讲，它可以被看作是除个体的高等教育收益之外，家庭和社会所获得的来自高等教育的影响和作用，表现为一种正外部效应。高等教育溢出效应具有多种表现形式，从高等教育功能的角度来看，除人才培养、科学研究之外，社会服务和国际交流均可纳入高等教育溢出效应的范畴。从社会学人口流动和家庭流动的视角出发，高等教育的溢出效应可理解为个体在接受高等教育时或完成高等教育之后，除了通过教育教学使个体知识水平和综合能力有所提高，还对形成和实现家庭流动起到引发、助推和促进的作用。换言之，个体因高等教育获得对家庭流动产生的影响是高等教育溢出效应的一种重要的外在表现形式。本书所关注的高等教育溢出效应，具体是指高等教育不仅提高了接受高等教育个体的知识水平和相关能力，还直接或间接地带动了个体和家庭在地域间的流动。

三、家庭

（一）家庭的定义

《中国大百科全书·法学》对家庭的定义是，由婚姻、血缘或收养关系而产生的亲属间的共同生活组织。婚姻构成最初的家庭关系。由于出生事实，又产生父母子女等其他家庭成员之间的关系。家庭也可因收养建立拟制血亲而形成。[①]

《大辞海：政治学·社会学卷》对家庭的定义是，"由婚姻、血缘或收养而产生的亲属间的共同生活组织。有广狭两义。狭义指一夫一妻制个体家庭（单偶家庭）。广义泛指群婚制出现后的各种家庭形式，包括血缘家庭、亚血缘家庭（普那路亚家庭）、对偶家庭与一夫一妻制个体家庭。当代主要在狭义上使用。家庭是社会结构的基本单位，是一种初级群体。婚姻是家庭产生的前提，家庭是缔结婚姻的结果。家庭依靠婚姻血缘关系，具有人口再生产的基本功能，满足人们生理和心理上的需求，在社会生活中发挥着重要作用。家庭是一个历史的范畴，

---

① 《中国大百科全书》总编辑委员会. 中国大百科全书·法学. 北京：中国大百科全书出版社，2006：260

其职能、性质、形式、结构及与其相联系的道德观念，随生产方式的变革而变化"①。

马克思和恩格斯认为，家庭就是"每日都在重新生产自己生命的人们开始生产另外一些人，即繁殖。这就是夫妻之间的关系，父母和子女之间的关系，也就是家庭"②。这种对家庭的定义是从家庭内部成员间的关系，尤其是从婚姻的角度出发，对家庭做出的定义。

不同的学者在不同的研究领域，对家庭的定义呈现出不同的侧重。

中国社会学家基于西方学者的理论基础，结合中国传统的家本位思想，对家庭的含义进行了新的阐释。费孝通认为，"父母子所形成的团体，我们称作家庭。家庭一词在这里是一个用来分析事实的社会学概念，它的含义和日常的普通用法，可以稍有出入。在我们中国，一般所谓家庭常指较父母子构成的基本团体为大。有人用小家庭来专指父母子构成的基本团体，用大家庭来指较广的亲属团体。可是大小家庭的分别，并不单在数量上，而最重要的，是在它们的结构上；而且在所谓大家庭之中，父母子所构成的基本团体并不被抹煞的，较广大的亲属团体无不以父母子构成的基本团体为其核心"③。在这个定义中，父母与孩子是家庭的核心。无论家庭规模的大小，父母与孩子的关系是整个家庭关系建立的基础。

（二）家庭类型

1949 年美国社会学家穆道克（Murdock）提出一种关于家庭类型的划分方式，被我国社会学者广泛使用。穆道克认为，家庭是一种具有共同居住、经济合作及生育等特征的社会群体，它包含男女两性的成年人，其中至少有两个人维持社会所认可的性关系，以及他们所生育或收养的小孩。穆道克在调查了 250 个具有代表性的人类社会之后，发现了三种不同类型的家庭组织：①最基本的家庭叫做核心家庭（nuclear family），它通常是由一对具有婚姻关系的男女及其子女所组成的，但有些例子则出现有其他人和他们住在一起。②多偶家庭（polygamous family），这是由二个或二个以上的核心家庭因多偶婚（plural marriages）而结

---

① 夏征农，陈至立，王邦佐，等 . 大辞海：政治学·社会学卷 . 上海：上海辞书出版社，2010：550
② 马克思，恩格斯 . 马克思恩格斯选集（第一卷）. 北京：人民出版社，1995：80
③ 费孝通 . 乡土中国生育制度 . 北京：北京大学出版社，1998：163-164

合成的。但是，在一夫多妻婚之下，一个男人在几个核心家庭同时扮演丈夫和父亲的角色，因而将这几个单位联合成为一个较大的家庭。多偶家庭只有在允许多偶婚的社会中才能出现，它不能和最严格的单偶婚同时俱存。③扩大家庭（extended family），它是由二个或二个以上分别具有父子关系而不是夫妻关系的核心家庭组成的。从父居的扩大家庭（patrilocal extended family）通常被叫做父权家庭（patriarchal family），是这一类型的最好例子。它通常是由一个年纪较大的人与他的妻子或妻子们、他的未婚子女，以及已婚子女和他们的配偶、子女等组成的。三代（包括父亲和儿子的核心家庭）共同居住在同一屋子或毗邻而居。①

《中华人民共和国户口登记条例》第五条规定："户口登记以户为单位。同主管人共同居住一处的立为一户，以主管人为户主。单身居住的自立一户，以本人为户主。居住在机关、团体、学校、企业、事业等单位内部和公共宿舍的户口共立一户或者分别立户。户主负责按照本条例的规定申报户口登记。"②家庭户不仅需要有婚姻和血缘的关系，更强调家庭成员居住在一处。家庭户（household）和家庭（family），前者更注重生活在一起，是一种生活的共同体，而后者则侧重于血缘的关系。

关于家庭类型，费孝通先生以"有无夫妇所形成的核心和有多少个核心"③为标准，经过不断地修正，将中国的家庭从结构上分为四大类：残缺家庭或不完整的家庭、核心家庭、主干家庭和联合家庭。沈崇麟等按照某个家庭中现有的夫妻对数及分布状况，将家庭分为十一种类型：单身家庭1（未婚）、单身家庭2（离婚无子女）、夫妻家庭1（未生育）、夫妻家庭2（空巢）、核心家庭、主干家庭1（完整）、主干家庭2（残缺）、主干家庭3（非直系）、联合家庭、隔代家庭、其他家庭。④张恺悌从1982年的全国1‰人口生育抽样调查的资料出发，将20世纪80年代我国的家庭分为六种类型：单身户、非家庭户、简单家庭户、扩展家庭户（直系）、复合家庭户和其他户。并通过数据比较得出，简单家庭户，即核心家庭是当时我国家庭类型中数量最多的一种类型。⑤曾毅等则在前人的研究上

① 乔治·彼得·穆道克.社会结构.许木柱，林舜宜，王长华，等译.台北：洪叶文化事业有限公司，1996：1-28
② 全国人民代表大会.中华人民共和国户口登记条例.http://www.npc.gov.cn/wxzl/gongbao/2000-12/10/content_5004332.htm（2000-12-10）[2018-8-15]
③ 费孝通.三论中国家庭结构的变动.北京大学学报（哲学社会科学版），1986，（03）：1-5
④ 转引自：杨善华.家庭社会学.北京：高等教育出版社，2006：5-7
⑤ 张恺悌.试析我国的家庭类型及其成员构成.人口与经济，1988，（06）：46-50

更加细化，将中国的家庭类型分为以下九种类型：一人户、一对夫妇户、核心家庭户、隔代家庭户、三代直系家庭户、四代或四代以上直系家庭户、二代联合家庭户、三代联合家庭户和四代或四代以上联合家庭户。三位学者还将核心家庭户细化为父母双全、单父单亲、单母单亲、单父分居和单母分居。[①]

综合上述专家学者的分类方式，结合现代家庭流动的特点，本书借鉴郑杭生对家庭类型的划分依据，将家庭分为核心家庭、主干家庭和联合家庭。核心家庭，又称夫妇家庭，即只有父母与未婚子女共同居住和生活。它有三种具体形式：仅由夫妻组成、夫妻加未婚子女（含领养子女）、仅有父或母与子女（单亲家庭）；主干家庭，指父母（或一方）与一对已婚子女（或者再加上其他亲属）共同居住生活；联合家庭，是指父母（或一方）与多对已婚子女（或再加上其他亲属）共同居住生活，包括子女已成家却不分家。主干家庭和联合家庭又合称扩展家庭。此外还有其他家庭，包括无父母的未婚子女共同居住、跨代或缺代，以及由实体婚姻产生的其他多人共居组合形式。[②] 为了更加深入地进行研究，本书对核心家庭进行了更为细致的划分，即分为夫妻家庭、夫妻携未婚子女家庭、单亲家庭三种类型。

四、家庭流动

在对家庭流动进行定义之前，我们必须先从社会流动的定义出发。社会流动属于社会结构调整的动态历史性过程，社会结构的调整过程也主要通过社会流动来实现。

所谓社会流动是指，"人们在社会关系空间中从一个地位向另一个地位的移动。由于社会关系空间与地理空间具有密切的联系，因此，一般把人们在地理空间的流动也归于社会流动"[③]。根据流动的形式来划分，可以将社会流动分为阶层流动和地理流动。前者主要是定义中所说的社会关系的流动，既可以指"在同一个社会垂直分化阶层内部的位置转移"[③]，也可以指不同分化阶层的流动；后者则是地理空间层面的流动，即个体或集体从某一地区向另一地区流动的过程。正

---

① 曾毅，李伟，梁志武.中国家庭结构的现状、区域差异及变动趋势.中国人口科学，1992，（02）：1-12，22
② 郑杭生.社会学概论新修（第三版）.北京：中国人民大学出版社，2003：170
③ 郑杭生.社会学概论新修（第三版）.北京：中国人民大学出版社，2003：243

如前文所述，在社会流动中一个重要的形式便是家庭流动。

借鉴郑杭生对社会流动的定义，本书将家庭流动定义为，作为一个社会生活共同体的家庭，在地理空间上从一个地点向另一个地点的流动。为更好地描述和分析家庭流动的过程，本书主要关注家庭流动的初始阶段和结束阶段，家庭中除接受高等教育个体外的第一个成员开始流动的时间为家庭流动的初始阶段，家庭流动的结束阶段则为家庭中所有成员全部完成流动的时间。

第四节　个体高等教育获得带动家庭流动的理论阐释

一、迁移法则

（一）理论的提出

英国经济学家和社会学家拉文斯坦（Ravenstein E G）于 19 世纪 80 年代通过三篇文章系统地提出了"迁移法则"，是当时关于人口迁移最先进的研究结果。毫不夸张地说，后来世界各地数以千计的关于人口迁移问题的研究都是源于 Ravenstein 的文章，因此他也被学术界公认为是人口迁移理论的先驱。[1]

Ravenstein 于 1876 在 *Geographical Magazine* 上发表的第一篇关于人口迁移的文章距今已有近 150 年的历史，后来他在统计学杂志社发表的另外两篇文章更加引人注目。Ravenstein 于 1885 年在 *Journal of the Statistical Society of London* 上发表了著名的文章 *The laws of migration*，[2] 根据 1881 年英国国内人口普查数据，对大不列颠联合王国（the United Kingdom）境内 [3] 人口出生地及居住地等资料

---

[1]　Grigg D B. E.G.Ravenstein and the "laws of migration". Journal of Historical Geography，1977，（3）：41-54

[2]　Ravenstein E G. The laws of migration. Journal of the Statistical Society of London，1885，48（2）：167-235

[3]　Ravenstein 统计范围内的大不列颠联合王国指英格兰、苏格兰和爱尔兰。

进行分析和归纳，并绘制了可以直观体现英格兰、苏格兰、爱尔兰之间人口聚集和分散趋势的迁移地图。随后他又于 1889 年在 *Journal of the Royal Statistical Society* 上发表了同名文章，将其关于人口迁移的实证研究从欧洲大陆拓宽至北美大陆，[①] 运用独创的"省级元素"（provincial element）、"国家元素"（national element）、"外国元素"（foreign element）三类指标对德国、荷兰、比利时、卢森堡、瑞士、奥地利、匈牙利、保加利亚、罗马尼亚、丹麦、挪威、瑞典、芬兰、俄罗斯、法国、意大利、西班牙、葡萄牙、加拿大、美国的人口迁移情况进行统计分析并绘制迁移地图。

（二）理论的基本内涵

整合 Ravenstein 的三篇文章，可将其迁移法则归纳为以下十一条：①大多数迁移只发生在短距离。②迁移是逐步完成的。③长距离的迁移通过优先转向一个商业或工业中心而逐步实现。④每一种迁移趋势产生一个具有补偿性或平衡性的反向迁移。⑤本地城镇与本地乡村相比产生更少的迁移。⑥在英国出生的人口中，女性比男性更容易迁移。⑦大多数迁移人口是成年人，整个家庭极少迁移出他们的祖国。⑧大城市人口迁移的数量多于自然增长的数量。⑨人口迁移数量伴随着工商业的发展和交通运输工具的改善而增加。⑩人口迁移的主要方向是从农业地区向工业和商业中心区迁移。⑪ 经济因素是人口迁移的主要动因。[②] 总体上看，Ravenstein 的迁移法则是对移民特征及其迁出地、迁入地的广泛概括。

人口迁移作为一种复杂的社会现象，其形成动因有很多种。Ravenstein 通过研究发现，虽然苛重的赋税、糟糕的气候、受到歧视压迫等都可能是迁移的原因，不过最重要的还是经济因素，改善生活和生产条件才是最主要的迁移动机。[③] 他在文章中将人口迁移划分为本地迁移（the local migrant）、短距离迁移（short-journey migrants）、阶段性迁移（migration by stages）、长距离迁移（long-journey migrants）、临时性迁移（temporary migrants）五种类型。本地迁移被定义为，个体从其出生的小镇或教区（parish）内的一个地方搬至此小镇或教区内

---

① Ravenstein E G. The laws of migration（second paper）.Journal of the Royal Statistical Society，1889，52（2）：241-305.

② Grigg D B. E.G.Ravenstein and "the laws of migration". Journal of Historical Geography，1977，（3）：41-54

③ 黄少安，孙涛.中国的"逆城市化"现象："非转农"——基于城乡户籍相对价值变化和推拉理论的分析.江海学刊，2012，（05）：90-96，238

的另一个地方。如果将调查中居民的出生地和居住地进行对比分析，应该可以发现大多数迁移的距离很短。经常发生的情况是，移民为了寻找工作而在不同的教区间徘徊，在某个地方定居一段时间，直到调查的发生，移民才意识到自己已经离原居住地很远了，迁移是分阶段实现的。长距离迁移的移民离开家到远距离的地方定居是例外，不是迁移规律，该迁移比例未达到当时所有迁移人口的 25%，这种迁移的发生依赖于某些特殊情况。临时性迁移是非常重要的迁移类型，这种迁移的存在受到旅馆、营房、监狱和大学规模的影响，以及航海人员数量的影响。这种临时性迁移是构成人口流动的要素，遍布在大城镇复杂的社会结构中，主要存在于海军和军事站点、度假胜地、大学城和寄宿学校。①

国内人口学者在阐释人口流动的迁移类型时认为，从迁移时间和居留时间的长短，分为永久性迁移和非永久性迁移（即暂时性迁移）；从迁移动因性质的不同，分为经济性迁移和非经济性迁移；从迁移决策机制的不同性质，分为自愿迁移（主动迁移）和非自愿迁移（包括被动迁移和强制性迁移）；从迁移流向的不同，分为乡村到城镇和城镇到乡村的迁移，还有城镇之间和乡村之间的迁移；从迁移所超越的行政界限的性质，分为省内迁移和省际迁移，国内迁移和国际迁移。②

（三）对迁移法则的评价

Ravenstein 的某些观点有时代的烙印，他强调农村人口向城市迁移显然与维多利亚女皇统治时期的英格兰迅速发展的城市化现象有关，要公正地评价最好能将其观点置于 19 世纪晚期的英国历史背景下加以考察。Ravenstein 开拓性的研究是人口迁移理论史上的第一块里程碑，他的理论是实证研究的一个典范。其后，许多学者对此进行了更深广的探讨，他提出的迁移规律也被认为是"推拉"理论的雏形。③

---

① Ravenstein E G. The laws of migration. Journal of the Statistical Society of London，1885，48（2）：167-235.
② 李竞能. 人口理论新编. 北京：中国人口出版社，2001：185
③ 刘晋强，景普秋. 推—拉理论在我国乡—城劳动力转移中的应用与启示. 高等财经教育研究，2015，（08）：72-89

二、推拉理论

（一）理论的产生与发展

"推拉理论"（Push-Pull Theory）是研究人口迁移的重要理论之一，该理论的提出可追溯到英国经济学家和社会学家 Ravenstein 在 19 世纪 80 年代提出的"迁移法则"，该"迁移法则"奠定了"推拉理论"的基本框架。[①]

20 世纪 50 年代末，美国学者唐纳德·伯格（Bogue D J）明确提出并系统阐释了"推拉理论"。他认为，在市场经济和人口自由流动的前提下，人口迁移的动因是人们能够通过迁移改善生活条件。在流入地中能让移民生活得到改善的因素就是"拉力"，而流出地的不利因素就是"推力"，人口迁移是在这二者的共同作用下完成的。[②]具体而言，他的主要观点为：从运动学的观点看，人口迁移是两种不同方向力量作用的结果，一种是促进迁移的力量，即有利于人口迁移的正面积极因素；另一种是阻碍迁移的力量，即不利于迁移的负面消极因素。在迁出地，存在着一种起主导作用的"推力"，把原居民推出常居住地。产生推力的因素有自然资源枯竭、农业成本增加、农村劳动力过剩导致的失业或就业不足以及较低的经济收入水平等。但迁出地存在"推"人口因素的同时，也存在"拉"人口的若干因素，如家人团聚的欢乐、熟悉的社区环境、在出生地和成长地长期形成的社交网络等。比较来看，迁出地"推"的力量比"拉"的力量大，占主导地位。同时，在迁入地存在一种起主导作用的"拉"力把外地人口吸引过来。产生"拉"力的主要因素是：较多的就业机会、较高的工资收入和生活水平、较好的受教育机会、较完善的文化设施与交通条件以及较好的气候环境等。同时，迁入地也存在一些不利于人口迁入的"推"的因素，如迁移可能带来的家庭分离、陌生的生产生活环境、激烈的竞争和生态环境质量下降等。综合来看，迁入地的"拉"力比"推"力更大，占主导地位。[③]

---

① 仰滢，甄月桥.基于"推拉理论"的新生代农民工身份转型问题探析.中国青年研究，2012，（08）：26-30

② 转引自：郭星华，王嘉思.新生代农民工：生活在城市的推拉之间.中国农业大学学报（社会科学版），2011，（03）：5-10

③ 肖周燕.人口迁移势能转化的理论假说——对人口迁移推－拉理论的重释.人口与经济，2010，（06）：77-83

传统的推拉理论侧重于强调外部因素在迁移中的作用，却忽视了个人的作用，不能较好地回答如下问题：当面临着相同的推力和拉力时，为什么有的人迁移而有的人不迁移？面对这种局限，Rossi 指出，实际迁移者从产生迁移的意愿到有迁移预期，再到移民的实际行动，总会经历一段相当长的过程。Sell 和 DeJong 的研究验证了 Rossi 的观点，他们认为，迁移水平反映着人们一系列心理和决策活动，由于在"迁移意愿"到"迁移行动"之间仍存在着许多变数，所以这一系列心理和决策活动是动态变化的。[①]

（二）理论的完善

20 世纪 60 年代，美国学者埃弗雷特·李（Lee E S）在美国 *Demography* 杂志上发表了"迁移理论"一文。他重新定义了迁移的概念，认为迁移可以被广泛地定义为一个永久性或非永久性住所的改变，并在前人研究的基础上补充提出了"中间障碍"和"个体因素"，形成了较为完整的"推拉理论"。Lee 在其推拉理论中主要论述了四个核心问题，分别是影响迁移的因素（factors in the act of migration）、迁移量（volume of migration）、迁移流向（stream and counterstream）和移民特征（characteristics of migrants）。

1）关于影响迁移的因素。Lee 认为，迁移决策的做出和迁移过程的形成主要受到以下四个因素的影响：①与迁出地（原居住地）相关的因素；②与迁入地（目的地）相关的因素；③中间障碍；④个体因素。无论在迁出地还是迁入地，都有三种因素影响着移民的迁移（图 1-1）：一种是拉力（用"＋"表示），一种是推力（用"－"表示），还有一种因素是无足轻重的（用"0"表示）。从理论上看，潜在迁移者会在迁入地和迁出地的拉力和推力之间权衡利弊，做出迁移决策。但人们的迁移决策从来都不是完全理性的，一些人的理性分量较小或是非理性的。[②]

2）关于迁移量。Lee 认为，①给定范围内的迁移量随着该区域内各地区的差异程度而变化。②迁移量随人群的差异而变化。③迁移量与克服中间障碍的困难

---

① 黄少安,孙涛.中国的"逆城市化"现象："非转农"——基于城乡户籍相对价值变化和推拉理论的分析.江海学刊，2012，（03）：90-96，238

② Lee E S. A theory of migration. Demography，1966，3（1）：47-57

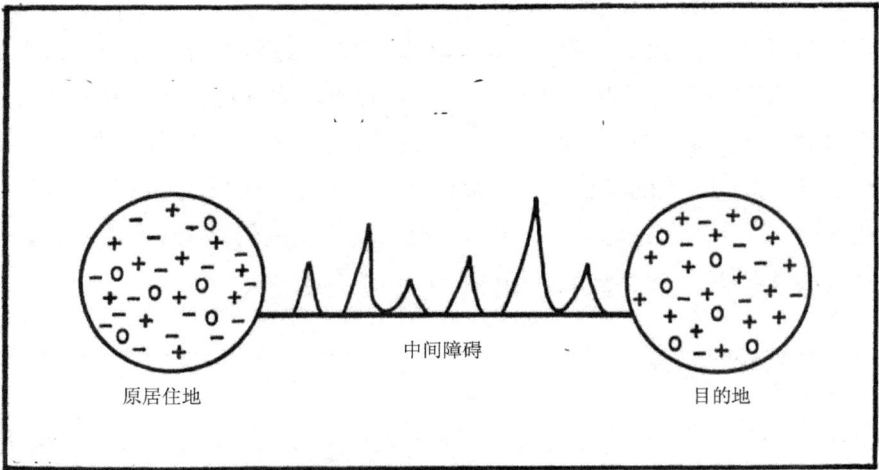

图 1-1　原居住地和目的地因素以及迁移的中间障碍
资料来源：Lee E S. A theory of migration. Demography，1966，3（1）：47-57

程度相关。④迁移量随经济波动而变化。⑤除非存在严重障碍，迁移量和迁移率将随时间的推移而增加。⑥迁移量和迁移率随着国家和地区的进步水平而变化。[①]

3）关于迁移流向。Lee 认为，①发生大规模的迁移被定义为迁移流。②对于每个迁移流，都会发展出一个反向迁移流。③迁移流的效率由迁移流和反向迁移流的比例决定，如果影响迁移流过程的主要因素是迁出地的负因素，即迁移的主要动因是迁出地的推力，则迁移流的效率高。④如果迁出地与迁入地的推力和拉力相似，则迁移流和反向迁移流的效率低。⑤如果迁移的中间障碍较大，则迁移流的效率高。⑥迁移流的效率随经济条件而变化，在经济繁荣时期迁移流的效率高，在经济萧条时期迁移流的效率低。[①]

4）关于移民特征。Lee 认为，①迁移具有选择性。②主要对迁入地的拉力作出反应的移民属于正向选择。③主要对迁出地的推力作出反应的移民属于负向选择。④从整体上看，移民的选择具有两极倾向，正向和负向选择多，中性选择少。⑤正向选择的程度随着中间障碍困难程度的加大而提高。⑥迁移在生命周期的特定阶段会提高。⑦移民特征往往介于迁出地人口特征和迁入地人口特征之间。[①]

---

① Lee E S. A theory of migration. Demography，1966，3（1）：47-57

（三）推拉理论的应用

古典推拉理论发现，薪资待遇的差异引发了劳动人口在不同地域间的迁移；现代推拉理论进一步发现，除了迁入地和迁出地薪资待遇的差异之外，职业发展前景、生活环境质量、可供选择的受教育条件、较好的医疗保障，以及和谐的社会氛围等，也是引发人口迁移的重要影响因素。推拉理论因其较强的解释力而备受学者的青睐，被我国学者广泛应用于研究和分析城乡人口流动、农村劳动力转移、新生代农民工身份转型、国际学生流动等人口流动现象和人口迁移问题。

三、理论适切性分析

（一）迁移法则的适切性

19 世纪 80 年代，英国经济学家和社会学家 Ravenstein 提出了一种作为人口迁移理论的迁移法则，主要依据当时英国国内人口普查的数据，针对大不列颠联合王国境内的人口聚集和分散趋势得出的理论。我们在研究中发现，迁移法则对个体高等教育获得带动的家庭流动具有一定的解释力和适切性。主要基于以下两点：

1）分析框架适切。迁移法则概括了人口迁移的特点，包括迁移具有阶段性、迁移方向为乡村到城镇、城乡迁移存在差别、短距离以女性见多等特征。本书的主题是个体高等教育获得对家庭流动的影响，家庭流动是人口流动的类型之一，因此从人口流动的研究中所凝练出的迁移法则可做为分析框架，反过来解释家庭流动的现状和特征。

2）理论假设适切。迁移法则背后是经济人假设，人们为了追求经济利益，从谋生较难、收入较低的地方向谋生较易、收入较高的地方移动，这一现象引起了迁移法则提出者的关注。在我们的研究中，个体接受高等教育从而带动家庭流动，一方面是为了家庭的团聚，另一方面也是为了获得更高的薪资、享受更完善的生活基础设施、提高生活质量。因此，迁移法则的理论假设适用于本书的研究。

（二）推拉理论适切性分析

推拉理论作为研究人口流动和人口迁移的重要理论之一，其理论逻辑和因果分析同样适用于解释个体高等教育获得所带动的家庭流动。

推拉理论是一个不断发展的人口流动理论。在该理论发展的过程中，其适用的范围也在不断拓展，在有关人口流动、教育、高校毕业生就业等领域都有较为成熟的研究。

推拉理论对本书的研究也具有较强的适切性。从理论内涵来看，推拉理论主要由推力因素和拉力因素共同组成。本书所探讨的人口流动现象并非传统意义上的农民工流动，而是聚焦于获得高等教育的高学历群体。运用推拉理论进行研究分析，我们认为高等教育深刻影响着个体的综合素质、视野开阔程度、文化适应能力等诸多方面，并成为影响人口流动的推力和拉力。作为推力的个体高等教育获得使高等教育获得者拥有了更开阔的眼界，主要表现在对事物的认知上，不是局限于当下，而是对未来发展有了更高的标准和追求。生活在中小城市的高等教育获得者不满足于中小城市的工作和生活，渴望流动到大城市，享受大城市的基础设施、文化氛围、发展机遇等，这形成了一种推力，将他们推向大城市和发达地区。作为拉力的个体高等教育获得，其功能主要表现在个体自身竞争力水平的提高，即个体通过接受高等教育具备了相对过硬的求职就业能力和更高的行为能力，例如认知能力、面试能力、创新能力等，在就业市场中更有底气、更具信心。高等教育获得者综合素质的提升为其流向大城市奠定了坚实的基础。高等教育作为个体获得者流入大城市的拉力，不仅提高了个体的实力，为其在大城市就业提供了可能性，同时也形成了高等教育获得者带动家庭流动的拉力。因此，推拉理论作为一种分析框架和理论视角，适用于个体高等教育获得影响家庭流动的研究。

第二章

个体高等教育获得引起家庭流动的类型划分

　　通过对大量调查结果与访谈信息的梳理，我们把个体因接受高等教育而带动的家庭流动分为两条路径：一条路径是个体在异地接受高等教育的过程中所产生和形成的家庭流动，我们将其视为高等教育溢出效应产生的直接方式或直接路径；另一条路径是个体在结束高等教育之后的就业过程中所引起的家庭流动，我们将其视为高等教育溢出效应产生的间接方式或间接路径。在第一条路径即直接方式中，个体由于在异地接受高等教育，加之受到特殊的家庭结构、家庭经济状况等因素的影响，家庭成员可能会出现陪读等伴随接受高等教育个体而迁移的现象。在第二条路径即间接方式中，接受高等教育后的个体在就业后拥有相对稳定的经济能力和一定的社会资本，从而具备了带动家庭流动的能力。正是由于高等教育的获得直接影响着个体的职业选择和发展，这种因个体获得高等教育后就业情况而导致的家庭流动，也就成为个体接受高等教育而带动家庭流动的间接方式。家庭流动是一个复杂而多样的动态过程，随着家庭流动数量和状态的不断变化，每个家庭流动的形态和步骤各不相同、纷繁复杂。由于全覆盖地调查高等教育获得带动家庭流动的情况难以实现，本书仅对已收集到的典型案例进行深入的访谈调研、总结和归纳。我们从流动时间、流动数量、流动主体、流动批次、流动中个体受教育层次、流动方向、流动的关键驱动力七个维度对个体高等教育获得引起的家庭流动在实践中的类型展开讨论。

第一节　以流动时间划分

在整个家庭流动的过程中，每个家庭成员的流动时间存在着多种类型，本书从家庭成员流动的时间出发，将家庭流动划分为周期性的流动和长久性的流动。周期性流动是指家庭成员在一年或几年的时间里或因气候的变化、生存的条件等自然条件因素，或因工作假期、生理承受度等人为因素，固定地选取某一时间段进行流动；长久性流动是指家庭成员长期居住在流动的目的地，只是偶尔返回家乡，但生活的重心已流动到了接受高等教育个体学习或工作所在地。

在调查过程中我们发现，周期性家庭流动类型产生的原因多是照顾子辈或是孙辈，如：

还是有的，家人定期地过来看我，从我来北京工作以后就会间断性地过来看我。但他们的工作、主要社会关系都还在武汉，不能长时间地过来跟我们生活在一起。但是会有计划地跟我们生活一段时间，过来照顾我们。（6号受访者）

我有小宝宝了，而且我的宝宝现在还很小，所以我妈妈就过来帮我带一段时间，现在又换我公公婆婆来。（3号受访者）

我家只有我一个孩子，我们三口人的感情非常好，他们都非常疼爱我。在我读书期间，虽然我爸爸妈妈都在西藏自治区工作，但他们只要有机会就会申请进修或者工作调动，来北京跟我生活。比如在我大二的时候，我妈妈就借调到北京半年，前段时间我爸爸也通过申请进修在北京待了大半年。利用这个便利条件顺便过来照顾我。但长久地搬过来跟我一起生活是不太可能的。（30号受访者）

这种周期性的家庭流动在多数情况下会在不久后转变成为长久性的家庭流动。在对产生周期性家庭流动的受访者进行追问的过程中，受访者都表示日后会考虑在流入地定居：

那是肯定的。等他们退休以后，我就打算把他们都接过来，在北京定居了。（3 号受访者）

上述情况，可能是出于两地往来经济成本的考虑，也有可能是对家庭情感的需要，还有可能是家庭生活的需要及流入地的吸引力等。

调查表明，家庭的周期性流动常常发生在个体接受高等教育时的第一条路径中，它对个体的经济能力要求不高，家庭成员周期性流动的目的大多是照顾家人或探亲访友。其中最为明显的是"陪读"现象，父母双方或一方为照顾异地求学的子女而进行周期性流动。另外，周期性家庭流动有时也存在于个体完成高等教育就业后的第二条路径中，原因多是照顾子辈或孙辈。

相对于周期性家庭流动，长久性家庭流动要求接受高等教育者个体的经济资本积累到一定程度，有较为充足的经济资本和社会资本做保障。这种情况一般发生在第二条路径中，即在个体完成高等教育后，拥有了一定的经济基础，工作和生活环境都较为稳定的情况下得以实现。

调查显示，第二条路径中的长久性家庭流动是主流（图 2-1），且初次家庭流动主要发生在完成高等教育后的 1 ～ 5 年，累积百分比为 75.2%（表 2-1）。

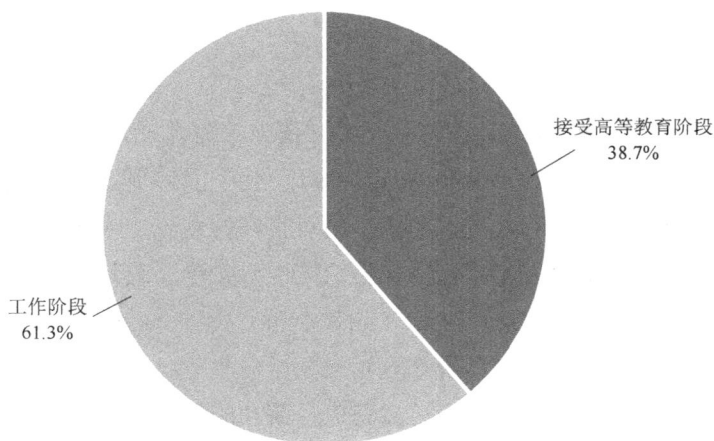

接受高等教育阶段
38.7%

工作阶段
61.3%

图 2-1 被调查者初次家庭流动的发生阶段

表 2-1　第二条路径中家庭流动的发生时间

高等教育完成后		频数	百分比 /%	有效百分比 /%	累积百分比 /%
有效	1 年以下	28	18.5	19.3	19.3
	1～3 年	19	12.6	13.1	32.4
	3～5 年	62	41.1	42.8	75.2
	5～10 年	29	19.2	20.0	95.2
	10 年以上	7	4.6	4.8	100.0
	小计	145	96.0	100.0	
缺失	系统	6	4.0		
合计		151	100.0		

长久性的家庭流动是高等教育引起的家庭流动中的主流。多数家庭都是在个体完成高等教育并找到稳定的工作、具备一定的经济基础后才产生了家庭流动，这种流动一般都具有长久性。

第二节　以流动数量划分

家庭成员流动的数量与家庭类型有关。依据家庭流动的完成情况可将家庭流动分为完整的家庭流动和不完整的家庭流动。为了能够更好地进行分类，本书使用美国社会学家穆道克和我国学者郑杭生对家庭的划分方式来分析家庭成员流动数量的情况。核心家庭是指家庭中夫妻双方或者父母（或其中一方）与未婚子女共同居住和生活；主干家庭是父母（或其中一方）与一对已婚子女（或者再加上其他亲属）共同居住生活；联合家庭则是父母与多对已婚子女（或再加上其他亲属）共同居住生活。基于此，按照家庭成员流动的数量来划分，可分为核心家庭的流动、主干家庭的流动及联合家庭的流动，其流动的类型与家庭类型的划分相一致。

在这几种分类中，本书更加关注核心家庭的流动。与主干家庭相比，核心家庭的主要特点在于子女是否已婚。子女婚后仍与父母住在一起，则组成一个大的主干家庭；子女婚后离开父母独立居住，则整个家庭便分裂成为两个不完整的核心家庭。鉴于以上定义，本书将核心家庭的内涵拓展为夫妻或是夫妻（或其中一方）与未婚子女共同生活的家庭。在这种定义下，我们发现多数核心家庭的流动会产生于个体接受高等教育过程中或就业后的短时间内。在第一条路径中，"陪读"是最主要的表现形式；在第二条路径中，则更多地表现为家庭生活的迫切需要，例如父母照顾未婚子女的需要，或是夫妻之中的一方流动到另一方的工作所在地。

就是我的父亲也一起流动过来了。当时是我先过来读书，大概一个学期时间，父亲的公司就刚好有一个到北京来工作的机会。他怕我在这儿没人照顾，就申请调到这里来工作。（9号受访者）

那个时候不是我的工作稳定期，但当时我男朋友工作已经稳定了。在我工作的第二年，我就结婚了，我刚开始工作的时候他的工作就已经稳定了。（6号受访者）

从访谈内容中我们发现，完整的家庭流动往往发生在无子女的夫妻核心家庭、单亲核心家庭或父母与未婚独生子女的三口核心家庭。由于核心家庭的人数少、结构简单，相互影响关系和活动中心单一，当流出成员处于家庭中的核心地位时，整个家庭易于出现伴随家庭核心成员的流动而流动。因此，在个体接受高等教育的过程中，核心家庭更容易发展出完整的家庭流动。

在调查中我们发现，对于核心家庭来说，不完整的家庭流动主要是受到家庭中子女数量的影响。根据附录一中的 A7 题，即"您家庭中的兄弟姐妹有_____个"的数量统计结果，家庭中兄弟姐妹的数量越多，不完整的家庭流动出现概率越大。

核心家庭的家庭流动一般会随着时间的推移和家庭人口的增加，向主干家庭或是联合家庭扩展。例如，夫妻核心家庭的完整家庭流动，是夫妻生育子女后因照顾子女的需要而使得父母跟随流动，继而在流动后拓展成为主干家庭。再如，两个或三个子女的核心家庭，当子女接受高等教育后就业工作并结婚生子，需要父母分别或轮流照顾他们的孩子时，此时核心家庭的完整家庭流动便扩展为联合家庭的家庭流动。

不完整家庭流动对于主干家庭和联合家庭来说，这两类家庭人数多、结构复杂、代际交替、相互影响关系和活动中心并不唯一，其家庭流动大多发生在个体完成高等教育走向工作岗位之后的第二条路径中，是家庭成员共同商量、权衡利弊后做出的选择。

我先留在北京，然后我太太也跟着一起过来，孩子之前给老母亲老父亲带，后来长大了也来北京上学。老父亲老母亲之前经常会来北京久住……（18号受访者）

研究发现，不完整家庭流动经常是以部分家庭成员的流动为先导，然后家庭成员的流动数量逐渐增加。问卷调查结果显示（图2-2），在产生家庭流动的案例中，3名家庭成员的流动是大多数家庭流动的现状，这是不完整家庭流动的一种前期状态，也是主干家庭产生流动的典型态势。

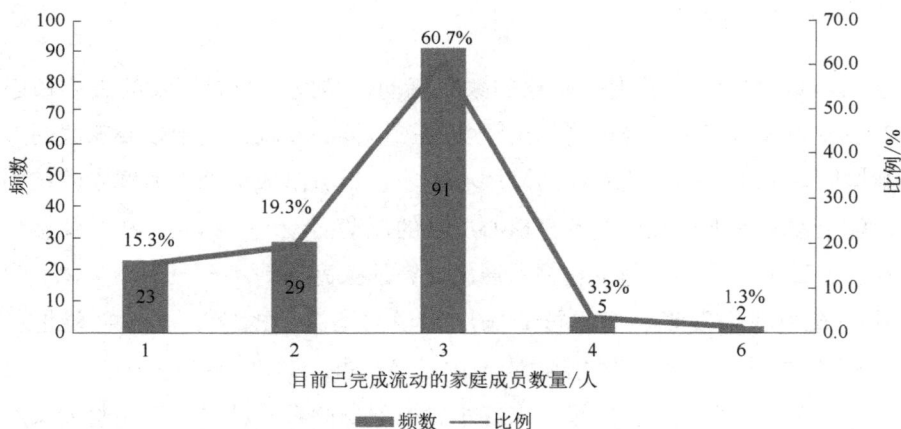

图2-2　目前已完成流动的家庭成员数量分布情况
注：实际回收问卷151份，其中有一份在此问题上无回答，故 N=150。

第三节　以流动主体划分

流动主体即流动人员在家庭中的地位，主干成员的流动会对整个家庭的流动产生至关重要的影响。本书基于我国传统的伦理关系，将个体接受高等教育后所带动的家庭流动划分为父母的流动、配偶的流动、子女的流动及平辈（兄弟姐妹）的流动。父母的流动是指接受高等教育的个体在流动后，其父母或其中一方与接受高等教育的个体一起流动到新的居住地，共同生活；配偶的流动是指配偶间任何一方接受高等教育并进行了地域间的流动后，配偶的另一方跟随至同一地点工作、生活；子女的流动是指父母因接受高等教育并进行地域的流动后，子女跟随父母亲流动到新的城市进行学习、生活；平辈的流动是指兄弟姐妹间接受高等教育的个体在进行流动后，对他们的平辈产生了较大的影响，或是他们的平辈需要这类家庭成员的帮助，从而发生的流动。一般来说，家庭的流动类型会产生交叉，父母、配偶、子女同时进行流动的现象同样屡见不鲜。

调查发现，父母和配偶的流动易发生在个体接受高等教育过程的第一条路径中；子女和平辈的流动易发生在个体完成高等教育并开始工作后的第二条路径中。父母和配偶的流动往往早于子女和平辈的流动，但亦有例外。因此，这种划分是相对的。在第一条路径中，个体接受高等教育的本科阶段通常需要至少 4 年的时间，攻读硕士学位研究生阶段通常需要 2～3 年，攻读博士学位研究生阶段通常需要 3～6 年，由于接受高等教育个体未来工作和居住地的不确定性，"陪读"成为家庭流动的主要形式。因父母和配偶处于整个家庭关系中亲密关系最强的位置，出于家庭团聚及情感维系的需要，使得这两类家庭成员作为"先遣队"在个体接受高等教育的早期成为流动主体。出于对家庭生活成本的考量及夫妻情感稳固的实际需求，配偶的流动常多于父母的流动。在第二条路径中，个体通过接受高等教育获得了一定的知识和技能，并找到了适合的工作。在拥有一定的经济基础和社会资本后，个体才有能力更好地带动子女和平辈的流动，从而形成个体接受高等教育后带动家庭流动的溢出效应。出于流动的便捷性考虑，平辈的流动常多于子女的流动。

> 我媳妇是青岛人，我娶了本地人，她不用流动。我在青岛买房后就把我父母接过来了，接下来是弟弟也过来做生意。（22号受访者）

> 可以说在我接受高等教育的最高层次，也就是博士阶段产生了家庭流动，主要形式就是我妻子的陪读……她就跟随我来杭州工作了，虽然那个时候我们并没有领结婚证，但她流动到杭州主要是因为我……后续会与我个体的职业发展情况、父母身体情况及下一代抚养情况等有关，但这都是两三年以后的事情了，因为我还得有两三年才毕业。（7号受访者）

> 准确地说，应该是他影响我的流动，因为他一直是处于流动的状态。我过来的时候，他在工作上基本已经处于一个相对稳定的状态了……我认为男性带动女性流动的可能性更大，因为往往男性对工作的想法和意愿比起女性而言更明确也更坚定。包括身边朋友的例子，这种男性带动家庭女性流动的可能性更大。（6号受访者）

> 我和丈夫先过来，孩子后过来，接着我的母亲和兄弟姐妹才过来。（15号受访者）

> 就是为了照顾我，照顾我的饮食起居。虽然我并不十分需要他们来，但是他们很愿意来，这是一种家庭团聚的情感需要。（5号受访者）

> 父母会将孩子的需要作为最高指令，因为他们都是心疼孩子，想来照顾儿孙。我们家就是这样，母亲过来长期照顾孩子。（34号受访者）

研究还发现，在联合家庭的流动中，首要的流动主体多是平辈，进而带动整个家庭中父母或子辈的流动。

> 我妹妹先流动过来的，直接就流动到北京工作了……因为我在北京，所以她才流动到北京工作的，以便互相有个照应……我妹流动过来之后，母亲就流动过来了，因为两个孩子都在这儿，她在家里没有事情的时候就会过来。（1号受访者）

> 流动最大的是我的三个妹妹，我到北京以后，她们在南方读的大学，读完大学以后，她们就受到我的影响分配到北京来工作了，这是90年代的事情，那时候从外地分配到北京工作还是比较容易的。现在就很难了，后来我父母退

休后也随我们这些子女流动过来。最后就是带动我妻子和她家庭的流动。（4 号
受访者）

第四节　以流动批次划分

　　家庭成员的数量使得家庭成员的流动存在先后次序之分，逐渐形成家庭流
动的批次。从家庭流动批次的角度可将家庭流动分为一次性流动和多次流动两种
类型。一次性家庭流动是指接受高等教育的个体在短期内一次性地带动所有家庭
成员流动到同一地域共同生活；多次家庭流动则指接受高等教育的个体在较长时
期内陆续地、有批次地带动家庭成员流动至其学习或工作所在地。

　　研究发现，相对于单亲家庭"陪读"现象的一次性家庭流动，或是长期工作、
经济资本积累到一定程度后产生的一次性家庭流动而言，多次流动是家庭流动批
次中的主流。如表 2-2 所示，"家庭成员未来的流动意愿"反映出一次性家庭流
动和多次家庭流动的数量对比，呈现出大多数受访者家庭流动所处的阶段。

表 2-2　家庭成员未来的流动意愿

家庭成员未来的流动意愿		频数	百分比 /%	有效百分比 /%	累积百分比 /%
有效	会	60	39.7	40.0	40.0
	不会	14	9.3	9.3	49.3
	不确定	76	50.3	50.7	100.0
	小计	150	99.3	100.0	
缺失	系统	1	0.7		
合计		151	100.0		

　　虽然选择"不确定家庭成员未来是否产生流动"的比重较大，但在已确定
的受访者中，选择"家庭成员未来会有意愿流动"的比例远超过其对立选项"家
庭成员未来不会有意愿流动"。39.7% 的受访者认为其家庭成员将会在未来产生
流动，只有 9.3% 的受访者认为未来不会产生家庭流动。可见，已发生的家庭流

动并非整个家庭流动的终点，而是阶段性的流动成果，受访者的其他家庭成员的流动是通过分批次、循序渐进的方式完成。在访谈中，由受访者描述家庭流动的过程可知，多次家庭流动的现象远远多于一次性家庭流动的现象，并且多数受访者也表达出未来家庭成员将会继续产生流动的意愿。

> 起初是我自己来到北京读书，毕业后留在北京工作、结婚。后来我弟弟受到我的影响也来北京找工作，我们兄弟两个基本都稳定下来了。但我还有个妹妹在江西老家，将来她也是打算来北京发展的，之后就是要把父母接过来和我们一起过，到那时才算真正团聚，不过这都得一步步地慢慢来。（21号受访者）

第五节　以流动中个体受教育层次划分

个体接受高等教育的层次是决定家庭流动质量的重要因素，研究发现二者之间存在正相关关系。按照个体接受高等教育的层次进行分类，可以将与之相关的家庭流动分为专科背景的家庭流动、大学本科背景的家庭流动、硕士背景的家庭流动和博士背景的家庭流动。多数情况下，高等教育的层次被视为个体职业获得的"敲门砖"或"中介"。个体接受的高等教育层次越高，相对而言越容易找到高质量的工作，也意味着个体能够在相对较短的时间内快速积累到足够多的经济资本，来弥补家庭流动的迁移成本和达到家庭预期收入，从而更快地实现家庭流动。这种视高等教育为中介的分析思路，能够解释多数家庭流动的情况，即高等教育溢出效应的第二条路径。高等教育溢出效应的第一条路径常常发生于较高层次的高等教育接受者之中，个体的学历层次越高，接受教育所需要付出的精力和财力也随之增加，部分家庭考虑提前实现家庭流动，即在个体接受高等教育过程中便开始流动，以减少家庭的经济和情感负担，这种近似"陪读"的现象随着个体接受的高等教育层次的提高而频繁出现。

图 2-3 反映出接受不同层次的高等教育个体出现的与之相关的家庭流动情况。接受大学本科及以上学历的个体是产生家庭流动的主要群体，其中又以大学本科和博士研究生的比例居多，本科及以上学历产生家庭流动的数量明显高于高职高专。可发现家庭流动作为高等教育的溢出效应在接受本科教育后明显增加，即家庭流动的质量随着个体接受本科及以上阶段高等教育而提升，呈正相关关系。

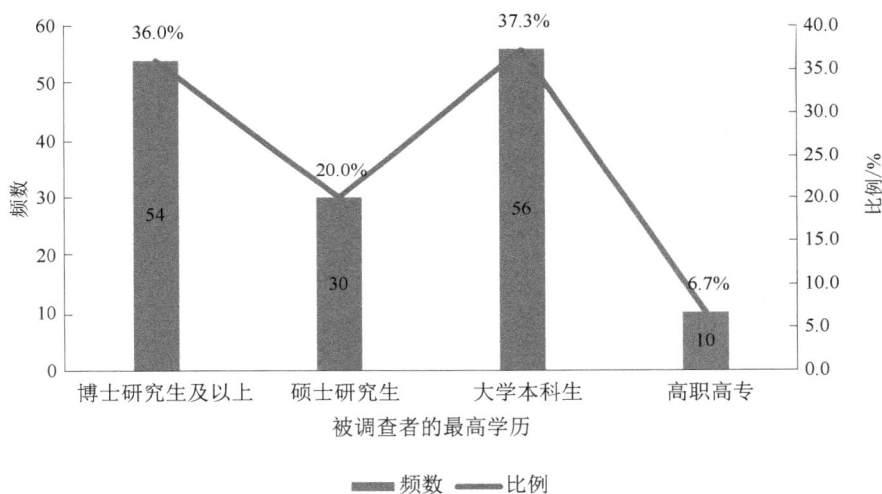

图 2-3　被调查者的最高学历及与之相关的家庭流动情况

第六节　以流动方向划分

个体接受高等教育的区位在影响家庭流动的地域选择过程中扮演着决定性的作用。在我国，高等教育发达的地区常常与省会城市、东部沿海等经济发达地区相重合，这就使得无论是第一条路径还是第二条路径下的家庭流动，常常伴随个体接受高等教育及其毕业后的职业选择而流向高等教育和经济发达的大城市。

都市与非都市、省会与非省会、沿海与内地、东中部与西部等高等院校办学地点的设置与区分，使得在都市、省会、沿海和东中部地区接受高等教育的个体在就读中引发第一条路径的家庭流动，或毕业后优先选择在接受高等教育的所在地就业而引发第二条路径的家庭流动。

根据前文提及的迁移法则和推拉理论对家庭流动的作用，本书将家庭流动在流动方向上划分为规律性流动和非规律性流动两种类型：规律性流动是指从社会经济条件较差的地区流入社会经济条件较好的地区；非规律性流动与规律性流动相反，是指从社会经济条件较好的地区流入社会经济条件较差的地区。

根据调查问卷中对被调查者籍贯和现居住地的统计结果（表 2-3 和表 2-4），可以看出家庭流动方向的大致情况。

表 2-3　被调查者的籍贯

籍贯		频数	百分比 /%	有效百分比 /%	累积百分比 /%
有效	北京	4	2.6	2.7	2.7
	河北	6	4.0	4.0	6.7
	山西	2	1.3	1.3	8.0
	内蒙古	2	1.3	1.3	9.3
	辽宁	2	1.3	1.3	10.6
	吉林	2	1.3	1.3	11.9
	黑龙江	2	1.3	1.3	13.2
	江苏	6	4.0	4.0	17.2
	安徽	2	1.3	1.3	18.5
	福建	2	1.3	1.3	19.8
	江西	14	9.3	9.4	29.2
	山东	52	34.4	34.8	64.0
	河南	14	9.3	9.4	73.4
	湖北	4	2.6	2.7	76.1
	湖南	22	14.6	14.7	90.8
	广东	2	1.3	1.3	92.1
	四川	6	4.0	4.0	96.1
	贵州	2	1.3	1.3	97.4
	甘肃	2	1.3	1.3	98.7
	青海	2	1.3	1.3	100.0
	小计	150	99.3	100.0	
缺失	系统	1	0.7		
合计		151	100.0		

表 2-4　被调查者的现居住地

现居住地		频数	百分比 /%	有效百分比 /%	累积百分比 /%
有效	北京	98	64.9	65.3	65.3
	天津	4	2.6	2.7	68.0
	河北	2	1.3	1.3	69.3
	辽宁	2	1.3	1.3	70.6
	黑龙江	2	1.3	1.3	71.9
	上海	2	1.3	1.3	73.2
	江苏	2	1.3	1.3	74.5
	浙江	6	4.0	4.1	78.6
	江西	6	4.0	4.1	82.7
	河南	2	1.3	1.3	84.0
	湖南	2	1.3	1.3	85.3
	广东	18	11.9	12.1	97.4
	云南	2	1.3	1.3	98.7
	甘肃	2	1.3	1.3	100.0
	小计	150	99.3	100.0	
缺失	系统	1	0.7		
合计		151	100.0		

从被调查者的籍贯可看出，被调查者多数为北方人，其中以山东人居多。调查结果表明，个体因接受高等教育而出现的家庭流动以规律性流动为主要表现形式，相对于籍贯分布的多样性而言，家庭流动的目的地数量明显减少，且集中于经济发达的地区。

倒不是说我不爱家乡，主要是家乡可供选择的工作机会还是少。在北京工作的机会、收入、环境还是比家乡好很多。哪怕说不是为工作，你就说生活吧，基础的生活设施、医疗、娱乐、交通都很完备。家乡各方面还是不那么完善。所以说啊，比起回河南老家，北京的地区吸引力就是强，北京就是好，就要留在北京。（1 号受访者）

因为山东的重点本科比较少，可选择的范围也比较小，北京的选择范围更大一些。还有就是北京是首都嘛，这其中当然也有南北方和地域的影响。我老公是安徽的，所以他选择的时候倾向于上海或是广州，而北方人的话，特别是山东人或河南人，多数人会选择来北京。好像有些湖南人也会喜欢来北京。（3 号受访者）

对于非规律性流动，从调查中我们发现，个体接受高等教育后的就业地域选择主要是对自然环境、生活成本及个人职业发展等因素进行考量而形成的自主意愿。

其中，因城市生活和生态环境问题，例如空气污染、交通拥挤、居住条件差、生活成本高等引起的非规律性的家庭流动，是伴随着我国城市化发展进程而出现，这在我国可能会成为一种新的趋势抑或只是个别现象，关于这一点我们还很难下结论，尚需要时间的验证。

第七节　以流动的关键驱动力划分

家庭成员在衡量迁移和流动的利弊时，会着重考虑家庭的预期经济收入和家庭情感的凝集力，这两者构成了影响家庭流动作为高等教育溢出效应的关键驱动力。家庭流动策略理论基于人力资本的视角，通过建立模型，将家庭流动策略的决定与家庭经济收入联系在一起，在后续发展中逐渐将情感因素加入模型。该理论将整个家庭迁移作为因变量来解释家庭及其成员流动的过程，DaVANZO 提出，人力资本视角下家庭的流动策略在形式上可由以下公式来表达。家庭将会产生流动，如果：

$$\sum_{t=0}^{T} \frac{Y_{jt}}{(1+r)^t} - \sum_{t=0}^{T} \frac{Y_{it}}{(1+r)^t} - \sum_{t=0}^{T} \frac{C_{ijt}}{(1+r)^t} > 0 \quad （其中 j \neq i）$$

其中，Y_{jt} 为 t 时期内从 i 地迁移到 j 地的预期家庭收入，Y_{it} 为 t 时期内一直停留在 i 地的家庭收入，C_{ijt} 为从 i 地到 j 地的迁移成本，T 为剩余生命周期长度，r 为贴现率。当这个公式成立时，家庭就会产生流动。而当公式不成立时，则家庭就不会做出流动的决策。①

因此，从家庭流动的关键驱动力维度出发，可以将其划分为经济推动型家庭流动、情感推动型家庭流动和混合型家庭流动。经济推动型家庭流动，是指家庭流动的动因源于家庭成员流出后的经济收入将高于不流出所获得的收入；情感推动型家庭流动是指家庭成员因成员间的情感凝聚力、家庭团聚的力量或是家族的情感牵绊等所产生的家庭流动；混合型家庭流动是指家庭成员在做出流动和迁移决策时，并非由某一因素主导，而是基于多方面的综合考虑与利弊权衡。

在上述三种从家庭流动关键驱动力维度出发的划分方式中，经济推动型的家庭流动常常发生在个体完成高等教育并就业工作之后，并且经济条件达到一定程度的第二条路径中。在此路径中，家庭流动所产生的成本更容易被个体或整个家庭的收入所抵消。

妻子和孩子一起过来了。我们到海南，是为了更好的生活条件，后来到了深圳，生活就更好一点儿……一个是想改变命运，不想再当农民了，想有一个铁饭碗。另一个就是他们在老家没什么发展前途。最主要的是为了给孩子提供条件更好的生活环境。（17号受访者）

而情感推动型的家庭流动常发生在个体接受高等教育的第一条路径中，即家庭成员因情感需求而跟随接受高等教育个体流入到高等教育所在地。通过访谈我们发现，受访者在对各自家庭流动的原因描述中多用到了"照顾""家庭""想""纽带"等字眼，这些都表达出情感凝聚力在家庭流动中的重要作用。处在中国社会"差序格局"②中的个体，家庭团聚是每个个体生活中无法割舍的情感组成部分。研究发现，情感推动型的家庭流动是我国现阶段个体接受高等教育所带动的家庭流动的主要类型。

我妹妹的流动和我的流动有很大的相关性，这就是家庭团聚因素的影响。因为我在北京，所以她才流动到北京工作的，以便互相有个照应。她的工作和高

---

① DaVANZO J. Why Families Move：A Model of the Geographic Mobility of Married Couples. CA：The Rand Corporation，1976：7.

② 费孝通. 乡土中国. 北京：人民出版社，2008：25

等教育获得之间没有直接联系，主要是家庭社会关系的影响。我妹流动过来之后，母亲就流动过来了，因为两个孩子都在这儿，她在家里没有事情的时候就会过来。（1号受访者）

你看我这两次家庭流动吧，第一次是因为我念大二的时候在学校突然生病了。我一个人在北京，身边没有亲人照顾，父母挺担心的，没办法，只能我妈先流动到北京来看护我，一开始是半个月，后来又过来陪我待了将近四个月。第二次家庭流动，是在我毕业工作以后。工作后不像学生似的还有寒暑假，我很久都没有回家了。因为爸妈实在是太想我了，现在交通也方便，他们就过来看我了，顺便也来照顾一下我的生活。说白了就是他们很想我，但我又回不去，就只能让他们过来了。（8号受访者）

我博士毕业后选择来上海工作是因为：首先，上海的机会多，做教育研究要到开放的地方去；其次，上海是可以积分落户的，相比北京更容易些。因为想要留在北京，没有三方合同是不能落户的，这个就很难。还有考虑到孩子的教育和未来发展的问题……我爱人和孩子也是因为我选择在上海工作就一起搬了过来，因为夫妻一直两地分居也不是个事儿，而且我不想让自己的孩子成长在没有爸爸的环境下。我不断地学习，换更好的工作，就是为了我的家庭能够在更好的环境中团聚，我能够为孩子创造更好的生活条件，陪伴在孩子的身边。（12号受访者）

对于我的家庭流动来说，我想最重要的因素就是家庭凝聚力吧。我和丈夫到深圳工作后就把孩子给接过来了，其实孩子就像是家里的纽带，因为我母亲在湖南老家一直帮我们照顾孩子，孩子这一走，她就特别想孩子，所以她也就自然而然地流动过来了。还有，我们家的家庭氛围特别好，兄弟姐妹之间的感情也很好，大家都希望能定期地和家人聚在一块儿，所以后来我的其他兄弟姐妹也都陆陆续续地流动到了深圳。（15号受访者）

所以家庭对我来说很重要。本质上说，我们山东人嘛，我和爱人组成一个家庭，这个家庭里还有一个更重要的纽带就是孩子。我爱人先来了北京，考虑到孩子的未来，我选择了来北京读博士，换句话说也是孩子把我迁过来的。当然，我的跟随意识也是比较强的。（20号受访者）

还有很多的家庭流动是个体接受高等教育后多种因素综合考虑的结果，即混合型家庭流动，家庭成员在综合经济收入预期和情感需求的分析后做出流动与否的决定。

首先是我的弟弟妹妹跟我一起过来，在这里安家立业了。然后我把父母一起接了过来。我成家比较晚，我爱人就是北京本地人……家人团聚的感情需要、经济条件等都是影响因素，很难单独说我的家庭流动是受经济因素还是情感因素的影响，应该是两者都有吧。（28号受访者）

通过从上述7个维度对家庭流动作为高等教育溢出效应实践类型的具体分析发现，从流动时间维度可将家庭流动分为周期性流动和长久性流动，在第一条路径中以周期性流动为主；在第二条路径中以长久性流动为主，且其初次家庭流动常发生在完成高等教育后的1～5年。从流动数量维度可将家庭流动分为核心家庭、主干家庭和联合家庭的流动，核心家庭更容易发展出完整的家庭流动，核心家庭的家庭流动一般会随着时间的推移和家庭人口的增加，向主干家庭或联合家庭扩展。从流动主体维度可将家庭流动分为父母的流动、配偶的流动、子女的流动和平辈的流动，其中配偶的流动最多，父母的流动次之，平辈的流动多于子女的流动。将流动批次作为分析维度可将家庭流动分为一次性流动和多次流动，其中多次流动占主流。将个体接受高等教育的层次作为考察对象，家庭流动可分为专科背景、大学本科背景、硕士背景和博士背景的家庭流动，研究发现家庭流动数量与高等教育层次呈正相关关系。从流动方向维度可将家庭流动分为规律性流动和非规律性流动，当前以规律性流动为主，非规律性流动随城市化进程有可能会逐渐增多，但这仅仅是一种不确定性预期。从流动中的关键驱动力维度可将家庭流动分为经济推动型、情感推动型和混合型家庭流动，其中情感推动型是主流。

第三章

个体高等教育获得引起家庭流动的形成因素

　　通过对问卷调查和质性访谈的分析归纳，我们将个体因接受高等教育而产生的家庭流动分为受教育过程中的直接路径和完成高等教育且就业后的间接路径。研究发现，无论是直接路径还是间接路径，家庭流动作为高等教育溢出效应，其形成和发展均受到个体自身条件、家庭背景和所处社会环境三个维度的交互影响。从个体自身条件维度，主要可分为个体所在家庭地位、个体收入水平、个体接受高等教育水平、个体居住条件、个体育儿观念五个部分；家庭背景维度可进一步解构为家庭结构、家庭资本、家庭文化心理与情感依赖程度三个方面；所处社会环境维度可分解为户籍制度、城乡差异、区位差异三种因素。因此，探寻个体、家庭、社会三个维度如何互动并对家庭流动作为高等教育溢出效应的形成和发展起到何种程度的推动或抑制作用，是本章的研究起点。本章将结合定量与定性两种方法，就两条流动路径的形成因素进行较为深入的分析和论证。同时，家庭与个体之间的互动影响关系也是本次分析论证的一部分。

第一节　个体自身条件维度

一、个体的家庭地位因素

中华人民共和国成立以来，家庭规模在经历了几次升降起伏的变化后，从1973年开始进入较长时间的持续的缩小过程。1973年，全国家庭户规模为4.81人，1990年缩小到3.97人，到2000年缩小到3.44人，[①]2011年进一步缩小至3.10人。[②]独生子女政策使得三口之家成为中国家庭的主流形式，子女数量的单一，使其在家庭中处于核心地位。独生子女父母离婚率的攀升更使得家庭规模进一步缩小。在单亲家庭中，独生子女与共同生活的单亲父母，生活上的相互依赖程度更高，产生情感依赖的可能性更大。

（一）个体的家庭地位因素在直接路径中对家庭流动的影响

调研数据显示（表3-1），38.7%的被调查者通过直接路径实现家庭流动。在直接路径中，家庭流动作为高等教育溢出效应主要表现为独生子女家庭陪读和夫妻婚后陪读两种情况。

表 3-1　被调查者产生初次家庭流动的时间

产生初次家庭流动的时间		频数	百分比 /%	有效百分比 /%	累积百分比 /%
有效	接受高等教育阶段	58	38.4	38.7	38.7
	工作阶段	92	60.9	61.3	100.0
	小计	150	99.3	100.0	
缺失	系统	1	0.7		
合计		151	100.0		

---

① 彭华民，杨心恒.社会学概论.北京：高等教育出版社，2006：256
② 中国经济网.国家统计局：全国家庭总数 40152 万户 每户为 3.10 人. http://www.ce.cn/macro/more/201104/28/t20110428_22390229.shtml.（2011-04-28）[2018-08-17]

1. 独生子女家庭陪读

独生子女处在家庭中的核心地位，部分父母为照顾异地求学的子女，通过工作调动或经商等途径流动到子女学习所在地，从而实现家庭团聚。

问：现在请您介绍一下您的家庭是如何流动到北京的。

答：就是我的父亲一起流动过来了。当时是我先过来读书的，大概一个学期吧，父亲的公司就刚好有一个到北京来工作的机会。他怕我在这儿没人照顾，就申请调到这里来工作了。

......

问：也就是说，其实您不是特别情愿他过来？

答：有点儿不情愿，毕竟想一个人在北京。但其实想想也差不多，毕竟就算他在北京我们也不会住在一起，也不是天天看到，其实也还好。但是想着爸爸在北京，还是有点儿好处的吧。虽然我现在还没有感受到。

问：毕竟还是有点儿依靠吧！那您母亲有考虑要搬过来吗？

答：嗯，我妈暂时还没有这个考虑。

问：为什么呢？

答：一个是因为她来的话就得重新找工作了啊，所以她不太愿意嘛。而且我现在在这儿，也不一定以后就会在这儿。这得看吧，如果我以后在这儿工作，说不定她就会过来，然后再在这边找个工作。（9号受访者）

计划生育的政策对我国产生了深远的影响，其中不可忽视的是独生子女在家庭中地位的变化。在"只生一个好"的政策号召下，家长将所有的人力、物力和财力都倾注在一个孩子身上，对孩子的依赖感上升，与孩子同向流动、实现团聚的愿望也就更加迫切。其中单亲家庭中的父母这种愿望更加强烈。当父母的流动出现障碍时，孩子求学之后不得不回到原籍地发展，兼顾照料父母；或是原籍地没有适宜的工作机会而选择到异地求职，在工作稳定后接父母到身边短期或长期团聚。

2. 夫妻婚后陪读

知识经济社会的日新月异、现代意识的不断增强、自由弹性的教育培养模式，使得个体工作数年后返校深造或是在接受高等教育期间组建家庭成为普遍的社会现象，促进了夫妻或伴侣间"陪读"流动模式的产生。

问：您在接受高等教育的过程中是否产生了家庭流动呢？

答：是有的。因为我是在读博期间结的婚，所以我的核心家庭就是我和妻子。由于我和妻子是同一年级的，所以本科毕业后我来到浙大继续读书，她就跟随我来杭州工作了，虽然那个时候我们并没有领结婚证，但她流动到杭州主要是因为我。尽管硕士的时候我们在法律意义上不是一个核心家庭，但实际所产生的家庭流动确实是在我读硕士的时候就开始的。

问：由于您尚未就业，因此不涉及工作地点与就读学校是否一致的问题。

答：对的，但我预计未来不会在杭州工作，换句话说，我估计未来的工作地点与就读学校所在地不一致。最主要的原因就是因为我是北方人，南方的生活环境、文化差异和人际关系、交往方式对我来讲还是不太适应，尽管我在南方已经待了很多年，但我还是想到北京或北方的城市工作。（7号受访者）

（二）个体的家庭地位因素在间接路径中对家庭流动的影响

调查统计分析显示，有61.3%的被调查者表示是在结束高等教育、参加工作后实现家庭流动的。在此间接路径中，无论是核心家庭、主干家庭还是联合家庭，家庭成员流动的实现大多基于受教育个体就业后面临的生活需要，以解决实际困难为目标。受教育者个体所处的家庭核心地位常赋予他们较强的带动家庭流动的能力。

1. 独生子女家庭

在高等教育结束后获得稳定的职业进而带动家庭流动这一间接路径中，独生子女同样表现出较强的带动能力。

问：那父母流动的频率是怎样的呢？

答：一般半年来一次，一次是一到两个月。

问：那流动的目的主要是？

答：就是为了照顾我，照顾我的饮食起居。虽然我并不十分需要他们来，但是他们很愿意来，这是一种家庭团聚的情感需要。我现在还没有生孩子，还有一个很重要的因素就是他们已经退休了，他们需要花一点儿时间在别的地方，要不然老了以后退休在家就没什么事儿。事实上如果他们不退休就没有时间过来，也难以实现这种家庭流动。（5号受访者）

2. 婚后流动

就一般情况而言，夫妻双方婚后会倾向于生活在一起。然而随着因工作而导致流动机会的增多，诸如工作挂职、借调、进修、援疆援藏等，夫妻两地分居现象日益增多。夫妻双方在家庭中往往有一方会占据主导地位，例如对家庭的贡献较大，以及晋升机会的地域差异等情况，使一方在家庭中更具有主导力。当主导方因工作或进修需要而长期流动到异地生活时，另一方往往会迁就主导方并随之流动，以实现家庭团聚。

问：您为何选择来到北京继续读博士呢？您以前的工作应该也是不错的吧？

答：这说来话长，也是一个很复杂的过程。我丈夫是南方的一个农民家庭出来的，是当年的高考状元，然后考上了北师大，本科毕业之后就去青岛工作了。我读大学那年他给我当老师，等我本科毕业去读研究生的时候我们就结婚了。后来他选择来北京继续读书，毕业后有个机会就留在北京工作了。可我们总是两地分居也不能长久，我就想到北京读个博士，这样既容易落户，也能够解决我俩两地分居的问题。（20号受访者）

由夫妻婚后两地分居到个体接受高等教育带动家庭流动后的团聚，这种家庭流动的实现方式，是高等教育溢出效应对于推动社会和谐、促进社会发展的正向功能。随着高等教育规模的不断扩大，从精英化高等教育到大众化高等教育，再到普及化高等教育的发展过程中，因个体接受高等教育带动夫妻婚后家庭流动的现象，是一种值得关注的新趋势。

二、个体收入水平因素

在家庭流动作为高等教育溢出效应的直接路径中，受教育的个体作为在校生，往往不具备独立、稳定的收入来源，无法通过自己的经济实力促成家庭流动。在间接路径中，接受高等教育后个体一定的经济积累成为实现家庭流动的重要物质基础。

在探讨个体的收入水平时，我们势必会考虑到个体已接受的高等教育的层次、水平、质量等情况。正如日本教育学家天野郁夫所说："学历与其他社会资源的分配具有很高的相关性，这意味着，学历本身是一种稀少的资源，同时，获得学历是获得其他社会资源的手段。获得高学历便可从事威望高的职业，并由此获得较高的收入和较大的权力。"①

问：那您觉得您家庭成员的流动与您的工作性质和收入水平关系密切吗？

答：密切。就是说职业的质量越高，经济收入越高，就越容易引起家庭的流动。（5号受访者）

问：那你觉得职业质量，就是说你工作的性质或是收入之类的，会对家庭的流动产生影响吗？或是产生多大的影响？

答：肯定会产生很大影响的。如果我就只是随便找了一个工作，一个刚好能够养活自己的工作，怎么可能把家里人都接过来呢？毕竟收入还是主要的问题，这也是现在大多数在北京工作的人的想法吧。在北京赚的工资不够多的话，再接一个人过来，生活压力肯定就会更大了，那还不如回去呢，或是自己一个人在这边闯，怎么会再让家里人过来受罪呢！所以职业的性质、职业的收入这些因素，我觉得会对家庭流动产生很大的影响。当然是一个人的工作越稳定，收入越多，家庭流动越容易啊。（11号受访者）

调查数据表明，在已实现家庭流动的被调查者中，高等教育获得者的月收入普遍较高（表3-2、表3-3）。他们的收入均值是11395.21元，中值是8000元，而众数是20000元，极小值为1000元（访谈得知是博士生在读补贴），极大值为

---

① 天野郁夫.社会选拔与教育 // 张人杰.国外教育社会学基本文选(修订版).上海：华东师范大学出版社，2008：128

100000 元。若没有充足的经济收入则难以抵消家庭流动过程中所产生的经济成本，从而在某种程度上影响家庭成员出于理性考虑而选择流动的意愿。

表 3-2　被调查者的平均月收入

平均月收入		频数	百分比 /%	有效百分比 /%	累积百分比 /%
有效	1000	2	1.3	1.4	1.4
	2000	4	2.6	2.7	4.1
	3000	2	1.3	1.4	5.5
	4000	10	6.6	6.8	12.3
	4400	2	1.3	1.4	13.7
	4450	2	1.3	1.4	15.1
	4500	6	4.0	4.1	19.2
	5000	10	6.6	6.8	26.0
	5500	2	1.3	1.4	27.4
	5700	2	1.3	1.4	28.8
	6000	10	6.6	6.8	35.6
	6500	2	1.3	1.4	37.0
	6800	2	1.3	1.4	38.4
	7000	10	6.6	6.8	45.2
	8000	18	11.9	12.3	57.5
	9000	2	1.3	1.4	58.9
	10000	14	9.3	9.6	68.5
	13000	10	6.6	6.8	75.3
	15000	6	4.0	4.1	79.4
	18000	4	2.6	2.7	82.1
	20000	22	14.6	15.1	97.2
	50000	2	1.3	1.4	98.6
	100000	2	1.3	1.4	100.0
	小计	146	96.7	100.0	
缺失	系统	5	3.3		
合计		151	100.0		

表 3-3　被调查者平均月收入的统计量表

N		
	有效	146
	缺失	5
均值		11395.21
中值		8000.00
众数		20000
标准差		12782.014
偏度		5.025
偏度的标准误		0.201
峰度		31.404
峰度的标准误		0.399
极小值		1000
极大值		100000
百分位数	25	5000.00
	50	8000.00
	75	13500.00

经济成本是接受高等教育后个体选择家庭流动时不能不考虑的一个重要因素。个体通过接受更高层次的高等教育获得更为丰厚的经济收入，当其经济收入积累大于家庭流动中产生的成本时，逻辑上家庭流动易于发生。当然，经济成本的抵消，来源可以是多元、复杂的。除了个体接受高等教育后的收入所得以外，还源于家庭的经济积累。

三、个体接受高等教育的水平因素

个体接受高等教育的层次和水平，直接或间接地作用于家庭流动的过程，产生基础性的影响作用。在直接路径中，在校生自身尚不具备独立的经济能力以带动家庭的流动。直接路径中家庭流动的产生，主要是基于家庭成员与受教育者情感上的牵挂或依赖。在此阶段，个体接受的高等教育层次和水平不是引起家庭流动的决定性因素，家庭成员往往不会因为个体接受高等教育所在学校层次和水平的高低而选择陪读与否，而是由于在家庭中处于核心地位的个体因异地接受高等教育，使得原有的以其为中心的家庭生活发生改变并难以持续，从而导致了家庭流动的产生。在间接路径中，个体接受高等教育的水平直接对家庭流动产生影响。表 3-4 显示出已经产生家庭流动的个体所接受高等教育的层次和水平：一本、二本院校的毕业生是带动家庭流动的主要群体，所占比例为 86.6%；三本和高职高专院校的毕业生所带动的家庭流动比例较低。在此阶段，个体接受高等教育的层次和水平直接影响着家庭流动的规模和形态。接受较高层次和优质高等教育的毕业生，相对容易获得具有较高经济收入的工作，进而影响到家庭流动的意愿并具有较强的能力来承担家庭流动的成本。

表 3-4　被调查者接受高等教育的层次和水平

接受高等教育的层次和水平		频数	百分比 /%	有效百分比 /%	累积百分比 /%
有效	一类本科	52	34.4	34.6	34.6
	二类本科	78	51.7	52.0	86.6
	三类本科	10	6.6	6.7	93.3
	高职高专	10	6.6	6.7	100.0
	小计	150	99.3	100.0	
缺失	系统	1	0.7		
合计		151	100.0		

因为上了大学我才有可能留在北京，留在北京以后我才有能力影响家人的流动。所以说高等教育的获得是一个基础性、根本性的因素。没有这个基础的话，后面的流动就是不存在的。（4 号受访者）

对我来说，我认为接受高等教育在其中占了很大的比重，几乎占了 90%。正是因为我在杭州上学，妻子才会陪我到杭州来，我读博，她工作。（7 号受访者）

我觉得应该占了 80%。学的知识倒是其次的，接受高等教育之后更大的改变是视野和心态不一样了。（17 号受访者）

能占到 75% 吧，我觉得接受高等教育在我的家庭流动中影响很大。因为只有我上了大学才能找到一个好工作，找到好的工作才能有户口，下一代的一些相关问题也才能够得到解决。如果没有接受高等教育，你就很难在北京找到好工作。就算你在这边安家了，迟早也是要回去的。所以我觉得接受高等教育在家庭流动中应该是一种决定性的作用吧，可以确保你能够持续地在这个地方一直待下去，不会中途就回去。（24 号受访者）

我认为高等教育的影响可以占到 45% 吧，工作情况可以占到 55%。在我的家庭流动过程中，工作是最重要的影响因素。但是如果我没有接受高等教育就没有参加公务员考试的资格，或者说即使有资格可能也考不上。所以说接受高等教育对我的工作选择、人生发展轨迹及家庭流动的情况都发挥了根本性的作用。（29号受访者）

我认为接受高等教育可以说占了非常大的比重，应该可以达到80%吧。正是因为我在北京读书，毕业后在北京找到一份有户口的工作，才能继续在北京生活，父母才会因为我而定期流动到北京，以及准备给我在北京买房。如果我没在北京接受高等教育，这些都是不可能发生的。（30号受访者）

虽然我不是刻意地定一个目标，但是回过头来看，的确是上学起了决定性的影响。因为这一切的起点的确是源于我到北京求学，而后我的工作、家庭、人际关系等就都在这里了。（34号受访者）

四、个体居住条件因素

由访谈数据可知，个体是否拥有相对稳定的居住条件直接关系到家庭成员流动的频率和数量。稳定的居住条件是实现家庭流动的重要前提。家庭流动的不同路径，对于个体居住条件的需求也不尽相同。在直接路径中，由于接受高等教育的个体大多数居住在集体宿舍且不具备买房的经济实力，在此阶段住房条件对于高等教育溢出效应的影响不大。在间接路径中，接受高等教育的个体就业后有了一定的经济收入、有能力获得较为稳定的居住条件，这为实现家庭流动提供了重要的物质保障。研究表明，受教育者学历层次越高越容易获得较为稳定的居住条件。首先，收入水平是影响个体居住条件的重要衡量指标。在知识经济社会中，高等教育获得者的经济收入相对较高也更为稳定，可为个体选择较为优质的居住环境提供经济基础。其次，接受高等教育者的买房比例也比较高。翟振武、段成荣等在一项基于第五次全国人口普查数据所做的研究中发现（表3-5），文化程度在高中以下的流动人口，自建住房所占比例最高；高中以上文化程度的流动人口购房已经成为住房选择的主体，对于大学以上文化程度的流动人口这一比例更是高达60%左右。[①]

---

① 翟振武，段成荣，等.跨世纪的中国人口迁移与流动.北京：中国人口出版社，2006：138

表 3-5　流动人口住房来源同受教育程度交叉表　　　单位：%

文化程度	自建住房比例	买房比例	租房比例	其他
未上过学	32.5	26.0	29.6	11.9
扫盲班	34.3	29.8	27.7	8.2
小学	31.0	22.6	34.4	12.0
初中	26.8	25.5	37.2	10.5
高中	18.2	42.8	30.7	8.3
中专	20.5	45.4	24.6	9.5
大学专科	10.2	59.2	22.6	8.0
大学本科	4.9	66.0	21.7	7.4
研究生	0.6	66.7	25.9	6.8

资料来源：翟振武，段成荣，等. 跨世纪的中国人口迁移与流动. 北京：中国人口出版社，2006：138

在我们的调查样本中可见，在被调查的带动家庭流动的高等教育获得者中，约 80% 的人拥有自己的产权房，而约 20% 的人是租房居住（表 3-6）。在采访过程中，一些受访者提到，买房是实现家庭流动的重要条件之一。

表 3-6　被调查者的住房情况

住房情况		频数	百分比 /%	有效百分比 /%	累积百分比 /%
有效	租房	30	19.8	20.0	20.0
	买房	120	79.5	80.0	100.0
	小计	150	99.3	100.0	
缺失	系统	1	0.7		
合计		151	100.0		

我觉得……流动的前提是要有一个稳定的居住环境，所以父母才有可能流动过来。你想，有些人即便是接受了高等教育，但如果是住在群租房里，那父母流动过来的概率可能就比较小吧。要想有稳定的生活和居住环境，一定的经济基础是必不可少的。（2 号受访者）

如果我在北京没有稳定的住房，我的家人是不可能流动过来的。一个最现实的问题就是他们来了以后住哪儿？如果我能有自己的房子当然最好，但是在北京买房的压力实在是太大了。所以即使我现在租房，家人也可以来照顾我和孩子。如果我自己都没地方住或住房条件太差，家人也不可能流动到我这里来。（1 号受访者）

家庭流动这件事儿，跟我购房的关系很大。我是一毕业就买了房子，所以才有了家庭流动，我的爸妈才能经常来北京。当我还是学生住在宿舍的时候，我的爸妈就从来没来过，也没有所谓的家庭流动。所以我觉得家庭流动与购房情况有正相关关系。（5号受访者）

五、个体育儿观念因素

接受高等教育个体的学习和工作经历，使其从自身的成长经验和就业感受中体会到接受高水平、高质量的教育对一个人成长和发展的重要性。对下一代人教育和发展问题的重视，也极大地影响了接受高等教育个体就业时的区域选择。能够使下一代人更好地成长和发展，是接受高等教育个体决心在大城市就业和安家的重要考虑因素之一。

我父母和公公婆婆来北京主要是为了帮我们带孩子，我们俩上班都很忙，孩子给保姆带第一是不放心，第二是花销很大，还不如让老人来帮忙照顾，自己能少担点儿心。（3号受访者）

我争取北京的户口就是为了下一代的教育和培养，我没有接受到很好的基础教育，以至于在我的学习和成长经历中走了很多的弯路。但我要让我的孩子从一出生就能接受优质的教育，至少不能让他输在起跑线上。我想下一代的抚养和教育，应该也是影响家庭流动的一个重要因素。（24号受访者）

在问卷调查中，关于"影响受访者家庭流动因素的重要性排序"问题，首要影响因素选填为"抚养下一代"的比例占23.8%；"个体工作收入"为其次占21.2%；"家庭结构"也是影响家庭流动的重要因素，占17.2%。接受了高等教育的年轻夫妻，其育儿观念较之上一代发生了很大的变化：①在学前教育、基础教育的"不能输在起跑线上"的意识影响下，促使年轻夫妻追求落户在大城市，以便为孩子的未来提供优质的成长环境和教育资源。②由于年轻夫妻在大城市工作、生活的成本和压力较大，孩子出生后的抚养问题成为他们的主要难题并出现选择困境，把孩子交给保姆照顾担心孩子的安全，自己照顾又缺乏时间和精力，这迫使年轻夫妻的双方父母流动到其居住地帮助照看孙辈，为子女分忧解难。

高等教育不仅使得接受高等教育的个体改变了自身的命运，同时也改变了他们的育儿观念，使其更加关注子女受教育的经历及其对未来人生发展的影响，希望自己的下一代能够享受到更加优质的教育资源。祖父母（外祖父母）到接受高等教育个体就业工作的大城市照顾孙子女（外孙子女），成为受家庭观念和抚养理念影响下的一种具有中国特色的家庭流动形式。

第二节　家庭背景维度

在这种高等教育溢出效应中，个体的高等教育获得对整个家庭实现流动起到了先导性和基础性的作用。在此基础上，家庭的具体情况对于家庭流动的进程，如速度和步骤等，也都具有重要且不容忽视的作用。下面我们将通过家庭背景维度中的家庭结构因素、家庭资本因素、家庭文化心理与情感依赖，对家庭流动的影响因素展开讨论。

一、家庭结构因素

家庭结构就是指家庭的构成状况，一是指具体的人员构成，二是指家人间的互动和关系的整体模式。家庭结构的两个层面相当于家庭的"硬件"与"软件"。家庭结构是一个抽象的概念，同时它又是实际存在的，它对家庭成员的生理、心理和行为有巨大的影响，它受到宏观的社会、经济、文化的影响而不断变化。[①]家庭结构包括两个基本方面：一是家庭人口要素，家庭由多少人组成，家庭规模大小；二是家庭模式要素，家庭成员之间怎样相互联系，如何互动，以及因联系形式不同而发展出不同的家庭模式。家庭人口规模与家庭成员之间的互动模式紧密相关，不同的家庭结构对于家庭流动完整性的影响程度各不相同。家庭规模越大，人口数量越多，成员之间的关系越复杂，情感联系越松散，完整家庭流动所

　　[①]　徐汉明，盛晓春. 家庭治疗：理论基础与实践. 人民卫生出版社，2010：111

受到的阻碍越大，完整家庭流动的可能性越小；相反，家庭规模越小、关系越简单，成员之间的联系越亲密，团聚的意愿越强烈，家庭流动受到的阻碍越小，完整家庭流动的可能性越大。因此，对于核心家庭而言，当子女或配偶接受高等教育并拥有流动所必需的经济资本时，由于家庭规模小且联系紧密，完整家庭流动产生的动力更强、顾虑更小、牵绊更少、概率更高。

我在上学阶段一直没有出现过家庭流动，爸爸妈妈都在家里做自己的事情，再说我上学的地方离家也不远，也没必要带动家庭流动。现在工作了一段时间也处于比较稳定的状态，我买了房子，爸爸有自己新的家庭不用我操心。妈妈一个人在老家，身体不是很好，我也不想再让她那么辛苦地种田了，干脆就接她过来跟我一起过好了。小的时候我虽然是跟着爸爸一起生活的，但我跟妈妈的感情更深。爸爸虽然给了我很多经济上的支持，但仍然难以弥补我记忆中缺失的母爱。现在妈妈老了，我希望有更多的时间陪伴她，好好尽尽孝。（29号受访者）

（您以后会随着孩子的流动而流动吗？）肯定会的！我一定会紧紧地跟着孩子一起，不管出现什么情况，她到哪里，我有可能就跟着到哪里了。我妈妈因为有几个孩子，妹妹在香港，弟弟在河南老家，我博士毕业后留在了北京，又有了自己的孩子，我妈妈只好流动到我这里来照顾小孩儿。（34号受访者）

二、家庭资本因素

家庭资本是社会资本理论的重要概念之一。在我国社会中，家庭作为社会的细胞，家庭背景对个体的成长和发展具有重要作用和深远影响。布迪厄在《资本的形式》中将资本划分为经济资本、文化资本和社会资本。[①] 科尔曼吸收了布迪厄的思想，进一步提出家庭资本是衡量家庭资源占有量的重要指标，并将家庭资本主要分为如下三种维度："家庭的经济资本、文化资本和社会资本。"[②]

---

① Bourdieu P. The forms of captical. Richardson J. Handbook of Theory and Research for the Sociology of Education, 1986. New York：Greenwood：241-258

② Coleman J S. Social capital in the creation of human capital. American Journal of Sociology，1988，（94）：95-120

（一）家庭经济资本

家庭的经济资本是与金钱或财产紧密相关的资本形式。在本次调研过程中，我们将家庭经济资本操作化[①]为高考时的家庭收入水平。该选择一方面基于被调查者年龄差距较大，高考年份不一，不同年代的工资数额难以进行比较；另一方面考虑到部分被调查者由于时间间隔较长，对工资的具体数额记忆不准确，容易导致误差。基于上述因素，我们将家庭经济资本的衡量标准操作化为"高考时家庭收入水平"，并将其分为上游、中游偏上、中游、中游偏下、下游五个层级。

研究发现，接受高等教育的个体产生初次家庭流动的时间和路径依赖与其家庭经济资本状况呈正相关关系，即家庭经济状况越好，初次家庭流动越容易出现在直接路径中。这是因为，在直接路径中，接受高等教育的个体作为在校学生一般没有稳定、充裕的资金来源。在校学生所能获得的奖学金、助学金、勤工俭学津贴，以及其他学业或生活补助等，对于支撑一般家庭流动所需负担的巨大经济成本来说仅仅是杯水车薪。若没有较为殷实的家庭经济资本的支持，家庭流动在直接路径中很难形成。从我们的调查中看出（表3-7），接受高等教育个体在"下游""中游偏下""中游""中游偏上""上游"五个层级中进行选择，初次家庭流动发生在直接路径中的占比与其家庭收入水平层级呈正相关关系，即家庭收入水平的层级越高，初次家庭流动发生在直接路径中的相对占比越高；反之，随着家庭收入水平层级的降低，初次家庭流动发生在间接路径中的相对占比则在升高。

表 3-7　被调查者高考时的家庭经济状况与初次家庭流动发生时间交叉表

高考时家庭经济状况	初次家庭流动的发生时间	接受高等教育阶段	工作阶段	合计
上游水平	计数	0	0	0
	高考时家庭经济状况占比 /%	0.0	0.0	0.0
	初次家庭流动的发生时间占比 /%	0.0	0.0	—
	总数占比 /%	0.0	0.0	0.0
中游偏上水平	计数	10	10	20
	高考时家庭经济状况占比 /%	50.0	50.0	100.0
	初次家庭流动的发生时间占比 /%	17.2	10.9	—
	总数占比 /%	6.7	6.7	13.4

① 操作化是指将抽象的概念转化为可观察和测量的具体指标的过程。在社会学中，操作化是连接抽象层次的理论与经验层次的事实之间的桥梁。

续表

高考时家庭经济状况	初次家庭流动的发生时间	接受高等教育阶段	工作阶段	合计
中游水平	计数	38	56	94
	高考时家庭经济状况占比 /%	40.4	59.6	100.0
	初次家庭流动的发生时间占比 /%	65.5	60.9	—
	总数占比 /%	25.3	37.3	62.6
中游偏下水平	计数	8	16	24
	高考时家庭经济状况占比 /%	33.3	66.7	100.0
	初次家庭流动的发生时间占比 /%	13.8	17.4	—
	总数占比 /%	5.3	10.7	16.0
下游水平	计数	2	10	12
	高考时家庭经济状况占比 /%	16.7	83.3	100.0
	初次家庭流动的发生时间占比 /%	3.4	10.9	—
	总数占比 /%	1.3	6.7	8.0
合计	计数	58	92	150
	高考时家庭经济状况占比 /%	38.7	61.3	100.0
	初次家庭流动的发生时间占比 /%	100.0	100.0	—
	总数占比 /%	38.6	61.4	100.0

调查显示，接受高等教育的个体在间接路径中实现的家庭流动，与其家庭经济资本并无正相关关系，而与其接受高等教育的状况具有较强的相关关系。从表 3-7 中可看出，当家庭经济状况处于"中游偏上"和"中游"水平时，初次家庭流动发生在直接路径中的占比与发生在间接路径中的占比相比，呈下降趋势；当家庭经济状况处于"中游偏下"和"下游"水平时，初次家庭活动发生在直接路径中的占比与发生在间接路径中的占比相比，呈上升趋势。这是因为很多家庭经济条件相对较差的有志青年，"穷则思变"，希望"读书改变命运""考大学当干部""进城实现农转非""不靠父母靠自己"，通过自己的努力和奋斗去改变命运，同时也改变家人的命运。从家庭经济资本对接受高等教育个体实现家庭流动的路径和作用来看，高等教育的溢出效应明显。

问：您是哪年参加的高考？

答：1988 年。

问：您高考时父母的职业、文化程度、家庭经济状况是怎样的？

答：那个时候我父母都是农民，我们家的家庭收入非常低，家里非常贫苦。

问：您就读的大学在您的籍贯地吗？

答：不是，我是湖南人，在广州中山大学读的本科。

问：您在选择大学时哪些因素对您产生了影响？例如个人理想、家庭经济水平、学习成绩、地区吸引力等，其中最重要的影响因素是什么？

答：最主要的是个人理想。就像之前跟你说的，我们家的经济条件还是挺困难的，父母都是农民，也没有啥大的本事。我印象特别深，小时候看父母去田里干活，特别辛苦，有时候累得直不起腰，我发誓将来一定要通过读书改变命运，不要像他们一样受苦受累，一年下来还挣不了几个钱。我觉得只有考上大学我的人生才能有希望，那是我唯一的出路。

问：个人意愿和家庭情况哪个对您在选择大学时的影响更大？

答：用今天的话说，我不是富二代、官二代，拼爹的结果就是回家种田，只能不靠父母靠自己。所以对我来讲，是没有退路的，就算再苦再难，也得逼着自己通过努力闯出一片天。爸妈总有老的时候，我又是家里的大儿子，得能撑起这个家，成为家人的依靠。考大学、接受高等教育，不仅改变了我的命运，也改变了我家人的命运。（27号受访者）

（二）家庭社会资本

社会资本的拥有量与个体所处的社会阶层及社会地位的高低密不可分。日本学者天野郁夫在《社会选拔与教育》中提到，"社会地位一般以职业地位为代表"[1]。"在当代社会，职业身份的分类是一种最基本的社会性区分，从事不同职业的人，在收入、声望、教育、权力等方面都存在着差异。"[2] 在本次调研中，我们将被调查者高考时父亲的职业作为重要指标来衡量家庭社会资本对家庭流动的影响。

如表 3-8 所示，在直接路径中产生家庭流动的接受高等教育个体，父亲在党政机关、事业单位、国有企业工作的人数占总人数的 72.4%。这些家庭的社会网络相对高阶，工作借调、出差开会、参观学习等机会较多。父母利用这些机会实

---

① 天野郁夫.社会选拔与教育 // 张人杰.国外教育社会学基本文选（修订版）.上海：华东师范大学出版社，2008：126

② 陆学艺.当代中国社会流动.北京：社会科学文献出版社，2004：2

现从原籍地到子女上学地的短期或长期流动，以便照顾和陪伴孩子，反映了接受高等教育个体具有优势的家庭社会资本。这是那些被固守在农村土地、服务岗位、私营或自营企业的父母难以具有的资源和机会。在直接路径中产生的家庭流动，与家庭的社会资本呈正相关关系。

在间接路径中，被调查者的父亲处于集体企业、私营企业、个体工商户、农民状态的比例在上升，反映了农民家庭、普通工商户家庭的子弟同样能够通过读书考学来改变个人命运，从而带动家庭流动，形成高等教育的溢出效应。只要这种升学的路径是公平、畅通、长效的，那么其流动预期和流动动机就不会消减，流动的可能就会成为流动的现实，高等教育的溢出效应就会持续存在。接受高等教育个体的父亲在党政机关、事业单位和国企系统中工作的人数总和也超过了 50%，它显示了家庭社会资本在接受高等教育个体就业后的家庭流动中依然具有重要的正向作用。

表 3-8　被调查者高考时父亲的工作单位性质与初次家庭流动发生时间交叉表

高考时父亲的工作单位性质	初次家庭流动的发生时间	接受高等教育阶段	工作阶段	合计
党政机关	计数	2	8	10
	百分比 /%	3.4	8.7	6.7
事业单位	计数	28	26	54
	百分比 /%	48.3	28.3	36.0
国有及国有控股企业	计数	12	16	28
	百分比 /%	20.7	17.4	18.7
集体企业	计数	0	10	10
	百分比 /%	0.0	10.9	6.7
个体工商户	计数	4	4	8
	百分比 /%	6.9	4.3	5.3
私营企业	计数	4	4	8
	百分比 /%	6.9	4.3	5.3
农民	计数	8	22	30
	百分比 /%	13.8	23.9	20.0
其他	计数	0	2	2
	百分比 /%	0.0	2.2	1.3
合计	计数	58	92	150
	百分比 /%	100.0	100.0	100.0

（三）家庭文化资本

文化资本是基于对文化资源的占有所获得的资本。该资本具备三种形态：①内化的，体现在性格、性情和外在体态；②实物形态，主要体现在书籍、图片等文化物品之中；③制度化形态，主要体现在教育学历以教育资格的形式被制度固化。[①] 在调查中发现，文化资本的制度化形态是基础，实物形态是条件，内化形态即内化于家庭人际关系、精神状态和家庭氛围中的文化因素，对孩子的人格养成、精神塑造和道德修养的影响更为重要。

在访谈和调查中，母亲对孩子的影响给我们留下了深刻的印象。一般情况下，由于孩子在成长过程中与母亲的接触多于父亲，并且孩子与母亲的关系较之与父亲的关系更加亲密一些，因此母亲的精神层次和文化心理往往对受访者的成长过程产生重要影响。

如果说父亲在家庭中的作用主要是对外职能，例如对外经营社会关系；而母亲的家庭职能则主要体现在对内职能，例如在家庭生活中对孩子的言传身教以及家庭关系中无处不在、潜移默化的文化熏陶。我们将被调查者高考时父母的学历水平视为家庭文化资本的基础。基于母亲对子女的重要影响，我们重点考察了母亲的学历水平。

在对所有调查对象的母亲学历进行统计时发现，接受高等教育并产生了家庭流动的个体中，其母亲的学历层次大多数集中在"初中"和"高中/中专/技校/职高"阶段（表 3-9 和图 3-1）。

表 3-9　被调查者高考时母亲的文化程度

	高考时母亲的文化程度	频数	百分比 /%	有效百分比 /%	累积百分比 /%
有效	小学	22	14.6	14.7	14.7
	初中	48	31.8	32.0	46.7
	高中/中专/技校/职高	52	34.4	34.6	81.3
	大专	12	7.9	8.0	89.3
	大学本科	16	10.6	10.7	100.0
	小计	150	99.3	100.0	
缺失	系统	1	0.7		
	合计	151	100.0		

---

① Bourdieu P. The forms of captical.//Richardson J. Handbook of Theory and Research for the Sociology of Education，1986.：241-258

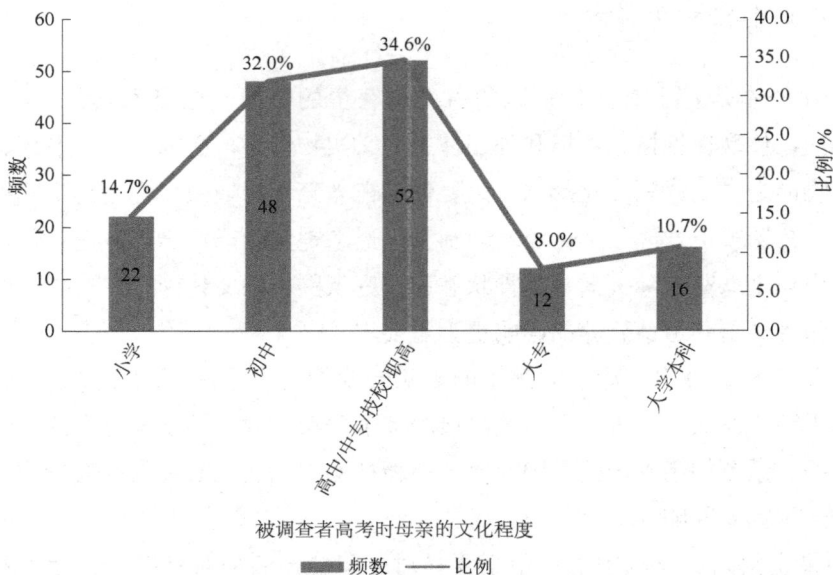

被调查者高考时母亲的文化程度

■ 频数 ── 比例

图 3-1　被调查者高考时母亲的文化程度分布情况

　　还有一个现象值得注意，即我们发现文化资本中的学历因素固然重要，但内化在家长言行和家庭文化氛围中的文化资源也是不容忽视的。例如，虽然部分农村妇女在学历方面处于劣势地位，但是她们勤劳朴实、好学上进、通情达理，在相对贫寒的环境中为下一代营造了和谐的家庭环境和积极向上的学习氛围，同时她们鼓励子女走出农村、走向大城市，从而解放了压在子女身上的"安土重迁"和"父母在，不远游"等传统思想包袱。因此，健康良好的家庭文化环境、包容开放的家庭文化氛围都是家庭文化资本的重要资源，是子女接受高等教育并实现家庭流动的重要促进因素。

　　问：您所接受的高等教育类型及获得该学历的学校所在地在哪儿？

　　答：我本科读的是对外经济与贸易大学，从山东淄博考到了北京。

　　问：您是哪年参加的高考？

　　是：1988 年。

　　问：您高考时您的家庭经济状况、父母的职业、文化程度是怎样的？

　　答：我们家算半工半农家庭，经济水平算中等吧。我爸单位福利好点儿，我母亲是劳动妇女，在家务农。

问：您在选择大学时哪些因素对您起到重要影响？例如个人理想、家庭经济水平、学习成绩、地区吸引力等，其中最重要的影响因素是什么？

答：我觉得首先成绩是个硬性衡量标准，你得够学校的分数线，对吧？除此之外就是个人的理想和地区吸引力了。

问：个人意愿和家庭情况哪个对您在选择大学时的影响更大？谈得越具体越好。

答：个人意愿吧，因为分数是自己考出来的，我自己有足够的决定权。而且那个时候我父母不仅不限制我，还很支持我，尤其是我母亲。她虽然只是个普通的农村妇女，但特别明事理，也非常勤劳朴实。她太知道作为一个女性在田间耕种的劳苦，所以从我小时候开始，她就一直教育我必须要好好读书，争取走出农村，千万别像她一样，无论严寒酷暑都得下地干农活。而且她始终鼓励我去外面的世界看看，给我灌输将来要在城市生活的理想。嗯，这么说吧，我出来读书主要是得到了父亲经济上的支持，还有母亲精神上的影响，她使我从小就埋下了去大城市生活的种子，而接受高等教育就是实现这个目标最重要、最正确、最可能的方式。（19号受访者）

三、家庭文化心理与情感依赖因素

所谓文化结构，包括价值观念、意识形态和信仰。[①] 家庭文化结构是指家庭内部所形成的价值观、意识形态和信仰。家庭文化心理是家庭文化结构的重要组成部分，它表现了一个家庭内部价值观的形成及意识形态的架构，是家庭环境的创建与家庭决策形成的背景依赖与文化资源。所谓情感依赖是指个体喜怒哀乐等情感与他人所产生的相互依赖、相互依存的现象，可发生于夫妻之间、朋友之间、父母与子女之间。家庭情感依赖主要指家庭成员内部相互之间培养并形成的亲密关系及其紧密程度，可以划分为全面依赖程度、半依赖程度及独立程度三个层次。家庭文化心理与情感依赖程度两者之间相辅相成，相互促进，共同作用于个体的发展与家庭流动决策的产生。

家庭文化心理来源于家庭资本（包括家庭经济资本、家庭文化资本及家庭社会资本）。一般来说，父母的受教育情况很可能影响家庭成员间的关系状态和

---

① 佟新. 人口社会学. 北京：北京大学出版社，2000：353

生活氛围，父母的受教育水平越高，家庭成员之间相互尊重的程度有可能越大，彼此间的独立性和自由度相对越高，家庭生活的民主气氛也就越好。家庭经济资本越高，家庭成员之间的经济独立度也就越高，经济上的相对独立将促进情感上的相对自由；若家庭成员之间经济一体化程度越高，则以家庭经济为纽带而产生的情感依赖也就越高。同理，家庭的社会资本越高，表明家庭成员在社会中所形成的社会网络广泛，社会关系较为发达，与家庭社会资本较低的家庭相比，家庭社会资本较高的家庭情感依赖程度较低。可见，家庭的经济资本、文化资本、社会资本影响着家庭内部价值观、意识形态和信仰的形成和发展，进一步左右了家庭成员间的情感依赖程度。

在以陪读为主要家庭流动形式的直接路径中，以独生子女家庭特别是单亲家庭、夫妻婚后的两口之家为主要家庭形态。其共同之处在于，家庭成员之间的家庭文化心理保持高度一致，并且家庭情感处于全面依赖的程度。随着改革开放及城市化、现代化的发展，人们对于婚姻和家庭的理解发生了巨大的变化，追求爱情、自由与幸福的价值观念使我国的离婚率不断攀升，单亲家庭现象越来越普遍。当单亲父母积累的家庭资本较低时，例如没有稳定的工作、经济收入较低等，他们与子女的情感处于绑定的全面依赖状态，则容易跟随接受高等教育的子女流动，子女就读的学校所在地就是家庭的流入地。对于新建的夫妻家庭而言，夫妻间往往具有高度一致的价值观念和文化心理，结婚初期更是处于一种情感全面依赖的状态，无论家庭的经济资本高低，高度的情感依赖就有可能推动夫妻一方愿意陪伴接受异地高等教育的另一方进行迁移，形成家庭流动。

问：这种婚后陪读式的流动还是很需要勇气的，你们需要有非常坚定的情感基础吧？

答：这是必须的！其实，我觉得我们俩还是挺幸运的。我们是高中毕业开始谈恋爱的，大学四年我在成都读书，我妻子在北京读书。说实话我们真是受够异地恋了，就想着无论如何以后至少都要生活在同一个城市吧，相思真是挺苦的，这段感情能坚持下来太不容易了。

问：所以你们总要有一个人在事业上做出牺牲？

答：在这一点上，我很感谢我的妻子。大学毕业后，我被保送到浙江大学，还是硕博连读，对我来说这是一个非常非常宝贵的机会。我妻子当时在北京读的也是985高校，她成绩很好，读的是人力资源管理，在北京可以找到挺好的工作。其实我们当时也有过犹豫和纠结，是牺牲事业还是放弃爱情，是我北上还是她南下。最后，我们都认为能遇到相爱的人不容易，不能就这样放弃，所以最终她愿意来陪我读书，她真的很伟大。

问：那你们双方家长没有反对吗？尤其是女方的家长。

答：这就是我们幸运的地方。由于我们是高中同学，双方家长都认识，而且我俩当时一个是班长，一个是团支书，在学校里都是品学兼优的好学生，所以双方家长对我们的品性、教养都很了解。在我们谈恋爱这个事情上，父母们基本上都还是挺赞成的。要说我妻子的父母完全同意她跟我南下也是不可能的，毕竟那会儿我们还没结婚呢，但看到我们两个人对感情都特别坚定，也没有过多的阻挠，觉得只要我俩能幸福就行，还是挺尊重我们的。但我们出发去浙大前，在家里还是举行了一个订婚仪式。（7号受访者）

在就业后产生家庭流动的间接路径中，以带动父母的流动为主要流动特征，家庭文化心理和情感依赖程度对此类家庭流动起到了重要的推动作用。在这一路径中，父母的流动主要可以分为两种情况：①当家庭成员之间的情感依赖处于全面依赖时，家庭规模较小、家庭凝聚力强、家庭价值观念一致，父母流动常出现在独生子女家庭或父母退休时，且父母长期流动的可能性较大；②家庭成员之间的情感依赖处于半依赖或独立程度时，父母家庭流动的原因常常是基于子女生活中的实际需要，而非单纯的家庭团聚的需要，尽管这是不能排除的主要原因之一。例如子女生病时的照顾需要、孙辈出生后的抚养需要等，这种情况主要是基于子女在生活中所面临的实际困难，父母无私地满足子女的需求，家庭文化心理与情感依赖程度处于次要地位，父母的流动呈暂时性、周期性的特征。

问：你父母来北京照顾宝宝，他们那边的工作怎么办呢？

答：我妈妈是请假过来的，我婆婆是提前办了退休，公公也是请假，然后过来帮助照顾孩子，只能是几个老人这样轮换着来。

问：那么现在的这种流动算是定期的吗？

答：现在就算是定期的了。因为我们这边必须要有老人，要不就是我父母到这边来，要不就是我公公婆婆到这边来。

问：他们一般来一次待多长时间呢？

答：我妈妈是一个月左右吧，我婆婆这次来3个月了，还得再待几个月不好说，因为孩子离不了人。以后孩子上了学，家里也得有人看着。他们现在是每半年轮一次，包括以后孩子上学也得有人接送。

问：那以后您这边有让老人长期地在北京定居生活的打算吗？

答：是的，那肯定得有。等他们退休以后，就打算把他们都接过来，在北京定居了。

问：那您觉得这个时间得有多久呢？

答：这种把他们接过来生活的想法，很大程度上取决于他们愿不愿意来、他们想什么时候来，这往往不取决于我们的意愿。现在因为有孩子了，所以他们不得不过来帮我看孩子。如果我没有孩子，他们有他们自己的事业，有他们自己的生活，有他们退休后自己生活支配的时间，他们也不会长时间地过来。即使北京有更好的生活条件，但是他们在自己家里生活会感觉更舒服，所以说他们也是因为要过来替我们照顾孩子，才可能会离开原居住地到北京来。（3号受访者）

首先，个体接受了高等教育，这会全方位地培养人的思维，提升思想和意识水平，不再像初中生、高中生那样，视野不够开阔，思路比较狭窄。而且接受了高等教育的人，他不仅有更多的现代意识，还会更加注重中国的传统文化。中国的传统文化中孝道是一个重要内容，这就跟家庭有关了。我觉得接受高等教育最主要的影响就是这样的，会对家庭产生积极的影响，会让家庭凝聚起来，父慈子孝，会让家庭更加和睦，社会更美好。（10号受访者）

总体来说，家庭文化心理与情感依赖程度两者之间相辅相成、相互促进，共同作用于个体的发展与家庭流动决策的产生。在以陪读为主要家庭流动形式的直接路径中，以单亲家庭、夫妻两口之家为主要家庭形态，其共同之处在于家庭成员之间的家庭文化心理保持高度一致，并且家庭情感处于全面依赖的程度。在其就业后所产生家庭流动的间接路径中，往往会受到其他因素的限制，家庭文化心理和情感依赖程度在其中起到重要的推动作用，常体现在以带动父母的流动为主。

第三节　社会环境维度

一、户籍制度因素

"户籍制度的正式实施始于 1950 年代末。几十年来，它不仅在中国城乡间筑起一道难以逾越的制度和社会高墙，还几乎无处不在地影响着中国的社会和经济。"[①] 出生后要上报户口，上学要凭借户口报名，买房子、购车摇号要有当地户口，社会福利待遇由户口类型和户口所在地决定。户籍制度是国家进行治理的重要工具，可以说从人们出生以来，户口就决定着人们生活的方方面面。在家庭是否流动的决策形成过程中，户口起到至关重要的制约作用，经常是决策形成中一个被考虑的重要因素。

所谓户籍制度，具体而言主要包括两个方面：①户口类型或类别，分为农业户口和非农业户口两类。这种分类反映了人们的居住地和职业类型的不同，因为农业户口被认为应该住在农村，非农业户口则应该住在城市，由此区分了城市居民和农民。[①] 由于人口流动趋势的增强，大量农业户口的农民工在城市打工谋生，"农业"和"非农业"所蕴含的职业和地理意义逐渐减弱，因此农业户口和非农业户口多指个人身份归属地是农村还是城市，我们将其作为衡量家庭资本的重要指标。②户口所在地，也被称为户籍或户口登记地。对大多数人来讲，户口是放在户之下的，因此人们的户口所在地就是这个户的所在地，接受高等教育的学生可根据个体需求决定迁入或迁出学校的集体户口。户口所在地主要用于区分社会群体是否有资格享有当地的社会政策和福利制度。户籍制度对大部分人来说是一种世袭身份的代际相传，与个体出生地、家庭所在地及家庭职业背景紧密相连。但对接受高等教育的个体来说，如果是农业户口，则可以通过接受高等教育后从事的职业性质改变原有的身份属性，增加获得更优质的社会福利待遇的机

---

① 范芝芬.流动中国：迁移、国家和家庭.邱幼云，黄河译.北京：社会科学文献出版社，2013：47

会，即教育改变命运。

问：我刚刚看你在填户口性质的时候比较纠结，你户口性质是农业户口吗？

答：原来是农业户口。后来上大学以后，就把户口迁到学校了，就转成非农业户口了。

问：你是自愿迁户吗？为什么？

答：当然是自愿迁的。我记得我们班当时有一大部分人都把户口迁到了学校，我也迁了。最主要的是我之前是农业户口，总觉得自己是乡下娃儿，不是城里人，有这个机会当然要迁了。而且考上南京大学对我来说，是一种身份的转变，我不再是农民，而是国家干部了！（10号受访者）

研究结果显示（表3-10），在个体接受高等教育后所带动家庭流动的比例中，农业人口占21.3%，非农业人口占78.7%，无论户口类型是先天继承获得还是后天自主改变所得，数据表明具有非农业户口的个体在接受高等教育之后更容易引起家庭流动。

表3-10 被调查者的户口性质

户口性质		频数	百分比 /%	有效百分比 /%	累积百分比 /%
有效	农业	32	21.2	21.3	21.3
	非农业	118	78.1	78.7	100.0
	小计	150	99.3	100.0	
缺失	系统	1	0.7		
合计		151	100.0		

研究发现，户籍制度主要通过"个体与生俱来的户口属性"和"个体接受高等教育后可置换户口所在地"两个方面对高等教育的溢出效应产生影响，扮演着"守门人"的角色。

在20世纪七八十年代，考上大学、接受高等教育，意味着成功拥有"干部"身份，是实现"农转非"的主要渠道，进而享受非农业户口的制度福利，成为接受高等教育个体改变自身命运的关键。但随着中国社会的改革进程，附着在农业户口上的好处和利益日益增多，人们的观念也随之发生了微妙的变化。人们对户口类型的关注度逐渐减弱，但对户口所在地的地域考量却成为新的竞争焦点。

在直接路径中，户口类型和户口所在地对家庭是否产生流动的影响不大，但对于个体选择在何地接受高等教育存在一定的影响。例如，一个来自非大城市的生源更愿意选择在大城市接受高等教育，因为接受高等教育的学生可将户口迁入至学校集体户口，同时也能获得部分高等教育所在地的社会福利。

在间接路径中，个体接受高等教育后能否在工作地落户，对家庭流动产生了重要影响。例如，北上广等一线城市的落户政策进行了较为严格的限制，能否在这些城市落户直接关系到接受高等教育个体在城市工作、生活的境遇和质量。个体接受高等教育并成功置换流入地户籍后，可实现买车、买房等能够在流入地安身立命的基本物质条件，从而具备了在此基础上顺利带动家庭流动的能力。

首先我得在北京工作，有北京户口，然后有稳定的经济收入才能在北京买房子。有了这些条件，我才能把我妈妈接过来跟我一起生活，所以对我来说我的工作性质、收入与家庭成员的流动是非常密切的。（29号受访者）

我女朋友是北京人，我也想留在北京工作。我在英国念的硕士，北京对于有海外学位的留学生在落户和买车上有一定的优惠政策。我拿着海外的文凭在北京找工作，在这种情况下银行比较好落户，直接就选了银行，在北京没有户口就别想生活。所以，在我选择职业的过程中，拿到北京户口是第一位的，这是最主要的标准和影响因素吧。

……毕竟我在英国拿的硕士学位，在北京找到有户口的工作好像有些优势，在北京稳定下来之后父母才有可能流动过来。（31号受访者）

可以说，在个体能否高质量地带动家庭流动的各种影响因素中，个体自身的文化程度居于基础性的地位，即接受高等教育个体在流入地处于社会分层中的何种位置，除个体特征和机遇因素之外，与其所接受的教育程度和水平具有密切的关联。从这个意义上说，个体高等教育的获得不仅影响着个体本身的社会层次和地位，还决定了家庭流动的流动速度、流动数量、流动主体、流动批次和流动方向。

调查显示，能否在工作地落户是个体带动家庭流动的基础，非农业户口的个体在接受高等教育之后更容易引起家庭的流动。在直接路径中，户籍制度对个体选择在哪个地域接受高等教育有着重要影响；在间接路径中，个体是否拥有流入地户籍对于家庭成员能否产生永久性迁移具有根本性的影响。总之，个体能否带动家庭流动往往取决于其自身在流入地的户口属性和社会分层，个体的受教育水平和质量是其中重要的影响性因素。

二、城乡差异因素

改革开放以来，虽然中国社会的城乡一体化改革持续推进，但城乡二元分割仍是中国社会的显著特征。户籍制度改革后，虽然对于户籍的限制有所松动，产生了始于 20 世纪八九十年代的乡—城迁移，但城乡二元分割依然存在。众所周知，户籍制度对城乡之差别、农民和市民之差异的产生和推进有着重大影响。[①] 事实上，相比农村和中小城市，个体在大城市的工作机会更多、可获得的资源更多、发展的前途更广、社会福利待遇更优质。因此，大城市对于人们的吸引力远远大于中小城市和农村。城乡差异对个体高等教育获得与家庭流动之间关系的影响主要发生在两个方面：①个体流出地所在的城乡情况；②个体流入地所在的城市情况。

根据推拉理论，城市和乡村的二元差异对于接受高等教育个体的家庭流动产生了推力和拉力的双重影响。在直接路径中，个体在高等教育资源丰富、经济发达的大城市接受高等教育，其家庭成员也随之从乡村或中小城市流动到大城市。高等教育使得接受高等教育的个体及其家庭成员开阔了眼界，表现出对生活和工作的更高标准与要求，在对事物的认知上不再局限于固有的思维模式，思想会更加开放，从而难以适应和满足原来乡村或中小城市的生活条件和工作环境。这种"不适应"和"不满足"，构成了乡村或中小城市作为流出地推力的主要表现形式。虽然亲朋好友的来往方便、熟悉的家乡语言和文化、已成形的社会人脉圈等若干因素作为流出地的拉力阻碍着接受高等教育个体的家庭流动，但其流出的推力远远大于拉力，使接受高等教育个体及其家庭不囿于乡村或中小城市中熟悉的生活环境，转而向相对陌生的大城市迁移。在间接路径中，由于大城市拉力和乡村或中小城市推力的相互作用，毕业生大多倾向于选择留在大城市就业工作，并在条件允许的情况下带动家庭成员的长久性迁移。由于高等教育有助于提高个体的专业能力和相应的就业能力，例如认知能力、问题解决能力、创新能力

---

① 范芝芬.流动中国：迁移、国家和家庭.邱幼云，黄河译.北京：社会科学文献出版社，2013：13

等，使得接受高等教育个体在大城市的就业市场里更具信心和实际竞争力，易于谋求到能够发挥自身价值和创造力的工作岗位。同时，大城市可以为高等教育获得者提供更多的工作机会、更完善的基础设施、更有可利用价值的人际圈，从而使其拉力较强。虽然流入地存在着环境相对陌生、竞争激烈、生活紧张、空气污染、交通拥挤等推力因素，但对于接受高等教育个体及其家庭成员而言，当大城市的拉力大于推力并占主导地位时，大城市将作为人口流入地实现接受高等教育个体及其家庭的流动。

调查显示（图 3-2 和图 3-3），被调查者选择在北京、广东生活和工作的比例分别为 65.3% 和 12%，而他们的原籍贯地主要集中在山东（34.7%）和湖南（14.7%）。由此可见，接受高等教育个体在完成高等教育后所产生的家庭流动中，大多数家庭流动表现为从乡村迁移到城市、从二线城市迁移到一线城市。

可以说，我国依然存在着的城市和乡村的二元差异，对接受高等教育个体的家庭流动产生了推力和拉力的双重影响。在直接路径中，个体在教育资源丰富、经济发达的大城市接受高等教育，其家庭成员也随之从乡村或中小城市流动到大城市来。在间接路径中，由于大城市拉力和乡村或中小城市推力的相互作用，毕业生大多选择留在大城市就业工作，扎根生活，并在条件允许的情况下带动家庭成员长久性迁移。

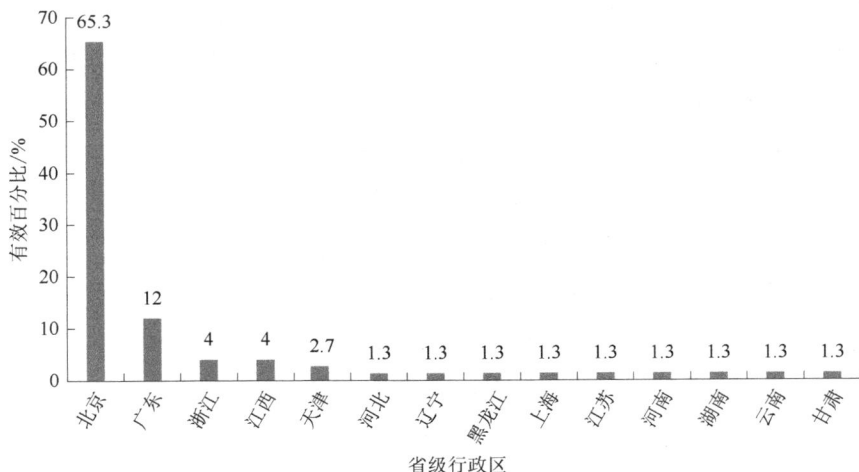

图 3-2 被调查者当前生活和工作所在地比例

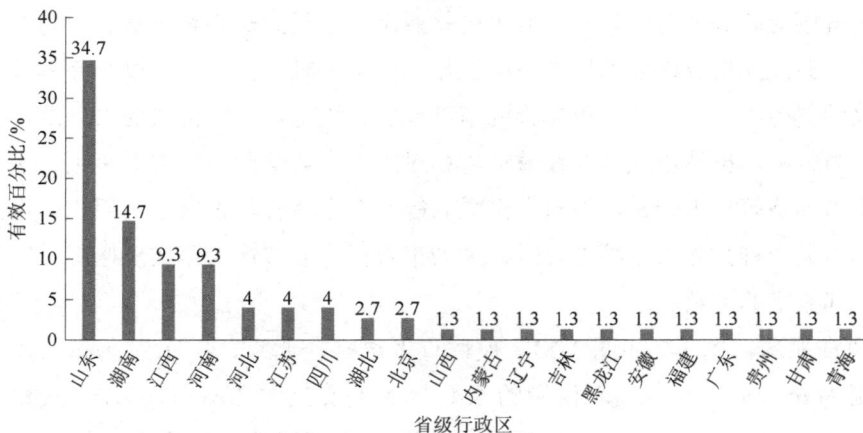

图 3-3   被调查者原籍贯地比例

三、区位差异因素

我国不仅仍然存在着严重的城乡差异，并且地域间的差异也十分明显。从地理位置来看，存在着南北方差异、东中西部差异及沿海与内陆的差异；从经济发展水平来看，可以分为经济发达地区和经济欠发达地区的差异；从高等教育发展程度来看，可以分为高等教育发达地区和高等教育欠发达地区的差异。

1）接受高等教育个体带动家庭从中小城市向大城市的流动，在流动方向上存在着南北方区位的差异。南北方城市发展水平的差异、所形成的文化传统和人们观念意识上的差异，对接受高等教育个体的家庭流动方向具有较大的影响。北方在历史上较为重农轻商，重孔孟之道。例如，中国古代的大思想家、大教育家、儒家学派创始人孔子出生于山东曲阜，儒家尊师重教的文化传统在中国北方具有深远的影响。一般来说，北方人学而优则仕的观念较强，再加上北方大城市和中小城市经济发展和社会资源的差距较大，因此北方人倾向于通过个体接受高等教育从而创造条件带动家庭向北京、天津等大城市流动。中国南方自古以来手工业、轻工业、商业较为发达，经济发展水平较高，例如改革开放以来出现的苏南模式、温州模式、东莞模式、珠海经济特区模式等。由于许多东部沿海的中小城市经济发展水平较高，其工作机会和生活条件与大城市相比没有太大差异，在这些中小城市就业有较好的可预期发展空间和事业前景，因此生源地为这些地区的接受高等教育个体，选择在陌生的大城市就业工作的意愿并不强烈，从而引发的家庭流动概率也相对较低。在我们对访谈对象的选取过程中，我们接触到一些诸如温州生源毕业后返回温州就业、东莞生源毕业后返回东莞就业的接受高等教育个体，由于此类选择返回生源地就业而未产生家庭流动的接受高等教育个体，不具有针对家庭流动进行调研的适切性，因此没有被列入我们访谈对象的选择范围之内。

2）接受高等教育个体带动家庭流动的流动方向，存在着中西部地区和东南沿海地区的区位差异。由于我国经济社会发展的不平衡，以及相应的地域间基于各种社会历史因素所形成的文化教育发展差异，我国高等教育发达的地域多集中在经济发达的东部大城市，高等教育欠发达的地域往往是经济欠发达的中西部地区。东部沿海城市交通便利，对内陆的开放及与海外交流起到重要的纽带作用，不仅经济发展水平较高，社会开放程度也相对较高。一般而言，接受高等教育个体更倾向于选择具有较多优质高等教育资源的东部经济发达城市作为其高等教育接受地，而非中西部经济欠发达城市。在经济发达的东部城市完成高等教育后，由于高等教育接受地的拉力作用，加之对高等教育接受地有情感上的依赖和心理上的熟知，接受高等教育个体往往选择在经济发达的大城市就业和生活，并以此为基础带动家庭流动。

总体来说，①接受高等教育个体带动家庭从中小城市向大城市的流动，在流动方向上存在着南北方区位差异。②接受高等教育个体带动家庭流动的流动方向，存在着中西部地区和东南沿海地区的区位差异。无论是在直接路径还是在间接路径中，具有优质高等教育资源的、经济发达的东部沿海城市，更容易吸引个体在此接受高等教育并引发家庭流动。

本章主要分析家庭流动作为高等教育溢出效应的影响因素，即探讨何种因素影响着个体高等教育获得及其带动的家庭流动。研究过程中，我们通过个体、家庭和社会三个维度及十一个层面，对家庭流动中所形成的直接和间接两条路径分别展开具体的剖析。首先，个体自身条件维度可分为以下五个层面：①个体所在家庭地位因素；②个体收入水平因素；③个体接受高等教育水平因素；④个体居住条件因素；⑤个体育儿观念因素。高等教育的获得影响了个体的流动观念、收入水平、住房条件、育儿观念等，个体层面的因素对于能否产生家庭流动起到主导性作用。正是由于接受高等教育个体自身条件的改善与提升，从而推动和保证了家庭的流动。其次，家庭背景维度可分为以下三个层面：①家庭结构因素；②家庭资本因素；③家庭文化心理与情感依赖因素。由于每个家庭的具体情况和实际条件各不相同，家庭层面的因素直接影响了家庭流动的具体形态和方式，决定着家庭流动的节奏和步骤。最后，社会环境维度可分为以下三个层面：①户籍制度因素；②城乡差异因素；③区位差异因素。社会层面因素为家庭流动的发展和走向提供了宏观的制度性引导，起到外部的制约与均衡的作用。

第四章

家庭流动作为高等教育溢出效应的内在规律

我们对接受高等教育并由此带动家庭流动的个体及其家庭成员进行了问卷调查和质性访谈。通过数据分析，我们试图挖掘出家庭流动作为高等教育溢出效应内在的形成规律，并尝试归纳出由个体接受高等教育引发家庭流动现象中各相关要素之间的关联。

第一节　个体高等教育获得影响职业选择和家庭流动

个体高等教育获得是影响家庭流动的决定性因素，由此产生高等教育的一种溢出效应。尽管在高等教育获得时和获得后个体所带动家庭流动的方式千差万别，每个家庭的流动步骤、流动节奏也不尽相同，但其共同点都是，高等教育本身在他们的家庭流动中都扮演着基础性和先导性的作用。这种作用或大或小，或依赖或独立，共同产生并作用于接受高等教育个体带动的家庭流动，从而直接或间接地形成高等教育的一种溢出效应。

调查结果显示（表 4-1），被调查者认为个体高等教育获得对家庭流动影响程度非常大的占比 58.7%，认为影响程度较大的占比 29.3%，两者占到总体的 88%。

表 4-1　个体高等教育获得对家庭流动的影响程度

影响程度		频数	百分比 /%	有效百分比 /%	累积百分比 /%
有效	影响程度非常大	88	58.3	58.7	58.7
	影响程度较大	44	29.1	29.3	88.0
	影响程度一般	12	7.9	8.0	96.0
	影响程度较小	4	2.6	2.7	98.7
	没有影响	2	1.3	1.3	100.0
	小计	150	99.3	100.0	
缺失	系统	1	0.7		
合计		151	100.0		

　　个体高等教育获得通过直接路径和间接路径影响家庭流动。在直接路径中，个体高等教育获得对家庭流动的带动主要表现为短期的、阶段性的或周期性的流动形态。在间接路径中，则表现为通过影响职业选择来带动家庭流动。与存在于直接路径中的短期的、阶段性的或周期性的流动形态相比，家庭流动更多地以长久性的流动形态为主。

　　个体高等教育获得影响职业选择和家庭流动，受到个体接受高等教育水平的制约。个体接受高等教育的水平，可通过高校层次和学历层次反映出来。由于用人单位对高校层次、学历层次及专业类型的需求不同，个体的职业选择一方面受到用人单位需求的影响，另一方面则受到个体接受高等教育层次和水平的制约。

　　在对因接受高等教育而带动家庭流动的个体初次就业影响因素的调查中（表4-2），我们发现学校层次及类型成为影响个体就业最重要的因素，占比33.1%；其次是个体性格和户籍所在地，分别占26.2%和14.6%。学校层次和类型根据不同的标准有不同的分层和分类，历年来的学校分层包括"双一流"高校、"985"高校、"211"高校；一类本科、二类本科、三类本科、高职高专等。常见的学校分类有综合类院校、语言类院校、艺术类院校、财经类院校、农林类院校、政法类院校、师范类院校、体育类院校、民族类院校、医药类院校、理工类院校、航空航天类院校、交通类院校、军事类院校等。不同的学校层次和学校类型，对接受高等教育个体选择工作单位的性质、类型和岗位层次产生不同的影响，如表4-3所示，被调查者中一类、二类本科的人数占总人数的86.3%，是带动家庭流动的主体，其中在事业单位就职的人数最多，在其他单位就职人数的分布相对均匀。总体而言，个体接受高等教育的水平越高，工作选择的自由度越大，获得经济收入高、稳定性强的工作岗位的机会越多，从而带动家庭流动的可能性也就越大。

表 4-2 被调查者初次就业影响因素频率表

初次就业影响因素		频数	百分比 /%
初次就业影响因素分析	户籍所在地	38	14.6
	学校层次及类型	86	33.1
	学习成绩	22	8.5
	家庭的社会关系	30	11.5
	家庭经济条件	16	6.2
	个体性格	68	26.1

表 4-3 被调查者就读学校层次与初次就业工作单位性质交叉表

学校层次	初次就业工作单位性质	党政机关	事业单位	国有及国有控股企业	集体企业	私营企业	外资企业	其他	合计
一类本科	计数	0	28	8	0	12	0	2	50
	学校层次占比 /%	0.0	56.0	16.0	0.0	24	0.0	4	100.0
	单位性质占比 /%	0.0	31.8	33.3	0.0	75.0	0.0	100.0	—
	总数占比 /%	0.0	19.2	5.5	0.0	8.2	0.0	1.4	34.3
二类本科	计数	8	58	2	0	4	4	0	76
	学校层次占比 /%	10.5	76.3	2.6	0.0	5.3	5.3	0.0	100.0
	单位性质占比 /%	80.0	65.9	8.3	0.0	25.0	100.0	0.0	—
	总数占比 /%	5.5	39.7	1.4	0.0	2.7	2.7	0.0	52.0
三类本科	计数	0	0	10	0	0	0	0	10
	学校层次占比 /%	0.0	0.0	100.0	0.0	0.0	0.0	0.0	100.0
	单位性质占比 /%	0.0	0.0	41.7	0.0	0.0	0.0	0.0	—
	总数占比 /%	0.0	0.0	6.8	0.0	0.0	0.0	0.0	6.8
高职高专	计数	2	2	4	2	0	0	0	10
	学校层次占比 /%	20.0	20.0	40.0	20.0	0.0	0.0	0.0	100.0
	单位性质占比 /%	20.0	2.3	16.7	100.0	0.0	0.0	0.0	—
	总数占比 /%	1.4	1.4	2.7	1.4	0.0	0.0	0.0	6.9
合计	计数	10	88	24	2	16	4	2	146
	单位性质占比 /%	100.0	100.0	100.0	100.0	100.0	100.0	100.0	—
	总数占比 /%	6.9	60.3	16.4	1.4	10.9	2.7	1.4	100.0

第二节　职业质量与家庭流动呈正相关关系

这里我们所说的职业质量是一种社会普遍认同的非正式标准。职业质量高是指职业的稳定性强、收入较高、生活压力较小，并且所在单位的社会认可度较高，满足其中的一项或几项的职业即可被认为是质量较高的职业。例如，人们普遍认为公务员、高级职员、中高级专业技术人员、企事业单位的中高层管理者职业质量较高。同时，也可以借用劳动力市场分割理论中一级劳动力市场和二级劳动力市场的界定进行划分。一级劳动力市场包括技术工种、大部分白领职位、技术性、管理性和专业性工种；二级劳动力市场主要对应没有技术要求或技术要求较低的工种。所以也可表述为，一级劳动力市场从业者的职业质量相对较高，二级劳动力市场从业者的职业质量低于一级劳动力市场。而职业质量的高低，与个体接受高等教育的层次和水平有着重要的关联，因为高等教育是人力资本获得的重要来源。

职业质量可主要通过职业类型、职位级别、职业收入三项指标进行衡量。

1）在职业类型方面，工作时间和地点的相对稳定，是家庭流动在时间和空间上得以顺利完成的基础。例如，公务员、国企或事业单位的员工，由于其职业性质可增加个体及家庭在流动中的心理安全感，则比其他职业类型更易产生家庭流动。调查数据显示，被调查者目前的工作单位性质以事业单位最多，占44.4%；其次是私营企业，占18.0%；国有及国有控股企业占15.3%。体制内的工作人员包括党政机关、事业单位、国有及国有控股企业共占比65.3%，居绝大多数（表4-4）。

2）在职位级别方面，职位级别越高越容易产生家庭流动。在大多数职业类型中，职位级别与工作年限呈正相关关系。职业级别越高，意味着个体完成高等教育后从事工作的年限越长，带动家庭流动所必需的物质条件积累的程度越高，带动家庭流动越容易。如中高层管理人员产生家庭流动的可能性大于普通员工，专业技术人员产生家庭流动的可能性大于普通职员。数据显示，专业技术人员产生家庭流动的比例为49.3%，办事人员和有关人员占比27.4%（表4-5）。

表 4-4　被调查者的工作单位性质

工作单位性质		频数	百分比 /%	有效百分比 /%	累积百分比 /%
有效	党政机关	8	5.3	5.6	5.6
	事业单位	64	42.4	44.4	50.0
	国有及国有控股企业	22	14.6	15.3	65.3
	集体企业	2	1.3	1.4	66.7
	个体工商户	6	4.0	4.1	70.8
	私营企业	26	17.2	18.0	88.8
	外资企业	8	5.3	5.6	94.4
	其他	8	5.3	5.6	100.0
	小计	144	95.4	100.0	
缺失	系统	7	4.6		
合计		151	100.0		

表 4-5　被调查者的主要职业

主要职业		频数	百分比 /%	有效百分比 /%	累积百分比 /%
有效	国家与社会管理者	6	4.0	4.1	4.1
	专业技术人员	72	47.7	49.3	53.4
	办事人员和有关人员	40	26.5	27.4	80.8
	商业工作人员	10	6.6	6.9	87.7
	服务性工作人员	12	7.9	8.2	95.9
	警察及军人	2	1.3	1.4	97.3
	无固定职业	4	2.6	2.7	100.0
	小计	146	96.7	100.0	
缺失	系统	5	3.3		
合计		151	100.0		

3）在职业收入方面，职业收入与家庭流动呈正相关关系。家庭流动需要一定的经济条件做支撑，经济条件越丰厚，家庭流动的物质阻力越小，流动的可能性越大，而职业收入是个体创造经济条件的重要来源。调研数据表明，实现家庭流动的高等教育获得者的月收入普遍较高（表3-2）。他们的收入均值是11 395.21 元，中值是 8000 元，而众数是 20 000 元，收入超过平均工资的比例约占 1/3，收入极差较大，极小值为 1000 元（由访谈得知是博士生在读补贴），极大值为 100 000 元。同时，职业收入的另一个体现是房子的占有程度，收入较高的人才更有可能拥有自己的住房。调查结果显示，有 80% 的人实现了居者有其屋，而只有 20% 的人是租房（表3-6）。

　　总体而言，当职业质量较高时，即当单位性质偏向体制内、职位级别越高、职业收入越高时，意味着职业的稳定性越强、社会认可度越高、生活压力越小、家庭流动的意愿越强，实现家庭流动的阻碍条件越少。

第三节　每个维度内以一种流动类型为主导

　　家庭流动根据不同的分类标准，可分为不同的流动类型。本书已从流动时间、流动数量、流动主体、流动批次、流动中的个体受教育层次、流动方向和流动的关键驱动力等 7 个维度对家庭流动的现状和类型进行了归类和分析。研究发现，在每个分析维度内，均有一种流动类型相比其他流动类型较为突出，成为主导类型。

　　在流动时间维度内，家庭流动可分为周期性流动和长久性流动，其中长久性流动趋于主流，同时随着时间的推移，家庭的周期性流动会逐渐转化为长久性的流动。同时，在个体接受高等教育后的 1～5 年，是家庭流动产生的高峰期。

　　在流动数量维度内，家庭流动分为核心家庭的流动、主干家庭的流动和联合家庭的流动，其中核心家庭与主干家庭的流动较多，并且核心家庭的流动多出现于前期，之后慢慢拓展为主干家庭或联合家庭的流动。

　　在流动主体维度内，家庭流动可分为父母的流动、配偶的流动、子女的流动和平辈的流动，其中配偶流动最多，父母流动次之，平辈流动多于子女的流动。

　　在流动批次维度内，家庭流动可被分为一次性流动和多次流动，多次流动发生频率较高。

　　在将个体接受的高等教育层次作为考察对象的维度内，本书将家庭流动分为专科背景的家庭流动、大学本科背景的家庭流动、硕士背景的家庭流动和博士背景的家庭流动。在这个维度中，家庭流动的数量与高等教育层次呈现出正相关的关系。

在流动方向维度内，家庭流动可以分为规律性流动和非规律性流动，虽然规律性流动的发生频率极高，但非规律性流动有可能会随着中国城市化的进程而不断增多。

在流动中的关键驱动力维度内，家庭流动可以分为经济推动型、情感推动型和混合型，其中情感推动型家庭流动占主导地位。

第四节　个体接受高等教育水平与家庭流动意愿呈正相关关系

在对个体的最高学历层次与初次就业工作单位性质进行分析时，我们发现，博士研究生产生家庭流动的情况最多，大学本科生其次，硕士研究生较少，高职高专最少（表4-6）。其中，硕士研究生产生家庭流动的占比低于本科生，可能有两种原因：一是与本科生到硕士研究生的过渡性质有关；二是可能与我们研究所采用的滚雪球抽样方法的不均衡性有关。但整体上，本硕博学历的高等教育获得者几乎占据家庭流动带动者的绝大多数，由此可以大致推断学历层次对家庭流动会产生较大的影响，个体接受高等教育的水平与其家庭流动的意愿呈正相关关系。在学校层次上，超过80%的被调查者来自一类本科和二类本科，也说明高校的层次与家庭流动意愿呈正相关关系。

表 4-6　被调查者最高学历层次与初次就业工作单位性质交叉表

最高学历层次	初次就业工作单位性质	党政机关	事业单位	国有及国有控股企业	集体企业	私营企业	外资企业	其他	合计
博士研究生以上	计数	2	46	4	0	2	0	0	54
	学历占比 /%	3.7	85.2	7.4	0.0	3.7	0.0	0.0	100.0
	单位性质占比 /%	20	52.3	16.7	0.0	12.5	0.0	0.0	—
	总数占比 /%	1.4	31.5	2.7	0.0	1.4	0.0	0.0	37.0

续表

最高学历层次	初次就业工作单位性质	党政机关	事业单位	国有及国有控股企业	集体企业	私营企业	外资企业	其他	合计
硕士研究生	计数	0	18	6	0	2	4	0	30
	学历占比 /%	0.0	60.0	20.0	0.0	6.7	13.3	0.0	100.0
	单位性质占比 /%	0.0	20.5	25.0	0.0	12.5	100.0	0.0	—
	总数占比 /%	0.0	12.3	4.1	0.0	1.4	2.7	0.0	20.5
大学本科生	计数	4	24	12	0	10	0	2	52
	学历占比 /%	7.7	46.2	23.1	0.0	19.2	0.0	3.8	100.0
	单位性质占比 /%	40	27.3	50.0	0.0	62.5	0.0	100.0	—
	总数占比 /%	2.7	16.5	8.2	0.0	6.8	0.0	1.4	35.6
高职高专	计数	4	0	2	2	2	0	0	10
	学历占比 /%	40.0	0.0	20.0	20.0	20.0	0.0	0.0	100.0
	单位性质占比 /%	40.0	0.0	8.3	100.0	12.5	0.0	0.0	—
	总数占比 /%	2.7	0.0	1.4	1.4	1.4	0.0	0.0	6.9
合计	计数	10	88	24	2	16	4	2	146
	单位性质占比 /%	100.0	100.0	100.0	100.0	100.0	100.0	100.0	—
	总数占比 /%	6.8	60.3	16.4	1.4	11.0	2.7	1.4	100.0

在我们可观测到的家庭流动现象中，另一个受到较多关注的家庭流动群体是城市中外来务工人员的家庭流动。作为高等教育溢出效应的家庭流动和城市外来务工人员的家庭流动，这两个家庭流动群体的流动规律具有较大差异。城市外来务工人员由于自身工作和生活较不稳定，其家庭流动与其工作和生活的稳定性之间的相关度较低；而作为高等教育溢出效应的家庭流动，更出现在带动家庭流动主体的工作和生活趋于稳定后。虽然家庭流动的意愿常常是基于情感依赖或是照顾后辈的生活需要，但提高生活质量和生活水平也是推动家庭流动产生和形成的重要意愿内容。个体接受高等教育水平满足家庭流动意愿从而形成的家庭流动，完成流动的家庭成员可享受到大城市相对完善的城市生活设施，大城市在医疗、卫生、教育、娱乐设施等方面所能提供的相对先进和优越的条件，也大大提高了流动家庭成员生活的水平和质量。随着高等教育大众化的发展，家庭流动作为高等教育的一种溢出效应，接受高等教育个体带动家庭流动的规模将会日渐增大。

第五节 家庭流动延续和拓展了高等教育的溢出效应

接受高等教育不仅直接影响和决定了接受高等教育个体的社会地位和社会阶层，而且在一定程度上间接影响和改变了其家庭成员的社会地位和阶层状态。作为高等教育一种溢出效应的家庭流动，不仅改变了其家庭成员原有的生存状态和生活轨迹，同时也使得这种溢出效应得到新的延续和拓展。这种延续和拓展植根于产生和形成流动的家庭成员的流动意愿之中。调查显示（表 4-7），在构成家庭成员流动意愿的各种因素之中，对下一代的抚养在影响家庭流动的各种因素中占比最高，反映了接受高等教育个体及其家庭成员对家庭后代生存状态和未来发展的重视，同时也表现出他们努力使这种高等教育溢出效应最大化的一种主观愿望。

表 4-7 被调查者产生家庭流动的流动意愿因素

	流动意愿因素	频数	百分比 /%	有效百分比 /%	累积百分比 /%
有效	家庭结构	26	17.2	17.3	17.3
	家庭情感凝聚力	8	5.3	5.3	22.6
	父母退休情况	6	4.0	4.0	26.6
	下一代抚养	36	23.8	24.1	50.7
	个体工作收入	32	21.2	21.4	72.1
	家庭生活	4	2.6	2.7	74.8
	个体事业想法	14	9.3	9.3	84.1
	教育获得	6	4.0	4.0	88.1
	地区公共服务	2	1.3	1.3	89.4
	地区政策优惠	2	1.3	1.3	90.7
	相对生活成本	14	9.3	9.3	100.0
	小计	150	99.3	100.0	
缺失	系统	1	0.7		
	合计	151	100.0		

我们设计了构成家庭成员流动意愿的 13 种因素，让被调查者从选项中选择 5 种他们认为的重要因素，并按照其重要程度进行要素排序。经过对每个被调查

者选择的 5 种要素进行统计分析，排序为第一重要的家庭成员流动意愿因素包含了表 4-7 中列出的 11 种。其中，"下一代抚养"居于家庭成员流动意愿因素的第一位，占比 24.1%；第二是"个体工作收入"，占比 21.4%；第三是"家庭结构"，占比为 17.3%。这三个意愿因素的占比，在要素占比排序中均居于前列。"个体事业想法"和"相对生活成本"两个意愿因素占比也较高，均为 9.3%。其他意愿因素占比较低且较为均衡。

本章我们试图概括并挖掘出家庭流动作为高等教育溢出效应内在的形成规律，尝试归纳作为高等教育溢出效应的家庭流动现象各要素之间的关联。个体高等教育获得引起的家庭流动，受到个体接受高等教育水平的影响。个体接受高等教育的水平可通过高校层次和学历层次反映出来，由于用人单位对高校层次、学历层次及专业类型的需求不同，个体职业选择一方面受到用人单位需求的影响，另一方面则受到个体接受高等教育水平的制约。总体而言，个体接受高等教育水平越高，工作选择的自由度越高，获得经济收入高、稳定性强的工作的可能性越大，带动家庭流动的机会也就越多。

个体的职业质量与家庭流动呈正相关关系，职业质量越高，家庭流动的意愿越强，发生的可能性也就越大。职业质量主要通过职业类型、职位级别和职业收入三个指标进行衡量。总体而言，当职业质量较高时，即当单位性质偏向体制内、职位级别越高、职业收入越高时，意味着职业的稳定性越强、社会认可度越高、生活压力越低，家庭流动的意愿越强，实现家庭流动的阻碍条件也越少。

在每个分析维度内，均有一种流动类型突出于其他流动类型成为主导。在流动时间维度内，家庭长久性流动趋于主流，同时随着时间的推移家庭的周期性流动会逐渐转化为长久性的流动；在流动数量维度内，核心家庭、主干家庭的流动为主导；在流动主体维度内，配偶流动占主导；在流动批次维度内，家庭流动多次流动占主导；在流动质量维度内，家庭流动的数量与个体接受高等教育的层次呈正相关关系；在流动方向维度内，规律性流动占主导；在流动中的关键驱动力维度内，情感推动型家庭流动占主导。

接受高等教育不仅直接影响和决定了接受高等教育个体的社会地位和社会阶层，而且在一定程度上间接影响和改变了其家庭成员的社会地位和阶层状态。作为高等教育一种溢出效应的家庭流动，改变了其家庭成员原有的生存状态和生活轨迹，使得这种溢出效应得到新的延续和拓展。

第五章

个体高等教育获得引起家庭流动的趋势展望

本书通过定性研究和定量研究相结合的方法，以质性研究为主，辅以适当的量化分析，对家庭流动作为高等教育溢出效应的形成原因和内在规律进行较为深入的研究并得出初步研究结论。由于我国宏观制度环境的发展变革以及调研时间和调研数据的局限性，我们的研究结果只是阶段性的结论，并非一成不变，家庭流动作为高等教育溢出效应的发展趋势尚待根据各种影响因素的变化进行更深入的讨论和完善。本章将从宏观和微观两个层面对个体高等教育获得引起家庭流动的趋势进行展望。

第一节　独生子女政策的放开将导致家庭流动的速度趋缓

我国不同时期的人口政策，对于家庭流动具有重要的特定影响。在 1980 年实施独生子女政策之前，我国的家庭类型多为联合家庭，父母在家庭中处于核心地位，家庭成员较多且有可能呈分散分布的状态。这时家庭的流动并非以某一非核心家庭成员为中心，再加上户籍制度的政策限制，随意的人口流动是被禁止的，因此个体高等教育获得所引起的家庭流动现象并不普遍。实施独生子女政策后，我国家庭的规模普遍缩小，三口核心家庭成为最常见的家庭类型，子女处于家庭的核心地位，家庭人口减少导致家庭情感凝聚力强，流动阻碍少，子女接受高等教育有可能直接带动家庭流动的概率增加。然而，随着 2013 年 "单独二孩" 政策以及 2016 年 "全面放开二孩" 政策的实施，一部分家庭的人口数量有可能增加，单个子女在家庭中的核心地位将相对降低，家庭流动以单独个体为主导的概率有可能下降，家庭流动作为个体接受高等教育溢出效应的发展趋势有可能出现滞后，受到多样化选择等新的因素影响，从而导致家庭流动的速度相对放缓。

第二节　区域发展的均衡化将导致家庭流动的速度趋缓

地区间经济、社会、文化发展不平衡是影响人口迁移的重要因素。然而随着我国 2000 年以来西部大开发战略、2004 年中部崛起战略、2008 年振兴东北战略以及 2015 年 "一带一路" 倡议的提出和实践，一方面未来我国区域发展的趋势将走向均衡化；另一方面，城市化进程的加速将导致城乡差距的逐步缩小。这种变化趋势，势必改变流入地和流出地之间的推拉效用，进而影响家庭流动决策的形成。根据推拉理论，当区域发展均衡化达到一定程度时，将会导致流入地拉力降低，流出地推力减小，个体及家庭流动的意愿也随之下降，最终有可能使得家庭流动作为高等教育溢出效应的发展速度减缓。但由于区域发展的均衡化不是一个短暂的过程，由区域发展均衡化所导致的家庭流动速度减缓仅仅是一种可能的发展趋势，难以在短时期内明显地表现出来。

第三节　户籍制度的改革有利于家庭流动

以户口登记和管理为中心的户籍制度，不仅是中国的一项基本社会管理体制，也是一项与资源配置和利益分配密切相连的制度。[①] 传统的城乡二元制户籍结构将公民分为农业户口和非农业户口的二元身份制，根据户口辖地管理原则对异地户口迁移实行严格的行政控制，这种制度安排对公民身份的转换和劳动力人口的自主迁徙形成了较大的制约和束缚。伴随我国工业化、城镇化进程的不断推进，快速的经济发展必然产生大量的人口流动，传统城乡二元制户籍结构的弊端不断显现，如阻碍人才交流、不利于劳动力资源优化配置、制约社会均衡发展，等等。新中国成立以来，我国的户籍制度改革经历了不同的历程，可分为四个阶段（表5-1）。

表 5-1　我国户籍制度改革历程

阶段	时间	颁布主体	制度名称	制度内容及意义
第一阶段：第一部户口管理条例出台	1951年7月	公安部	《城市户口管理暂行条例》	规定了对人口出生、死亡、迁入、迁出、"社会变动"（社会身份）等事项的管制办法。这是新中国成立后第一部户口管理条例，基本统一了全国城市的户口登记制度
	1955年6月	国务院	《国务院关于建立经常户口等级制度的指示》	统一了全国城乡的户口登记工作，规定全国城市、集镇、乡村都要建立户口登记制度，户口登记的统计时间为每年一次
第二阶段："农"与"非农"二元格局确立	1958年1月	全国人大常委会	《中华人民共和国户口登记条例》	第一次明确将城乡居民区分为"农业户口"和"非农业户口"两种不同户籍，奠定了我国传统户籍管理制度的基本格局
	1964年8月	公安部	《公安部关于处理户口迁移的规定（草案）》	集中体现了该时期户口迁移的两个"严加限制"基本精神，即对从农村迁往城市、集镇的要严加限制；对从集镇迁往城市的要严加限制
第三阶段：实施居民身份证制度，小城镇户籍逐步放开	1984年10月	国务院	《国务院关于农民进入集镇落户问题的通知》	户籍严控制度开始松动，通知规定，农民可以自理口粮进集镇落户，并同集镇居民一样享有同等权利，履行同等义务

[①] 陆益龙.户口还起作用吗——户籍制度与社会分层和流动.中国社会科学.2008，(05)：149-162，207

阶段	时间	颁布主体	制度名称	制度内容及意义
第三阶段：实施居民身份证制度，小城镇户籍逐步放开	1985年7月	公安部	《公安部关于城镇暂住人口管理的暂行规定》	标志着城市暂住人口管理制度走向健全，同年9月，作为人口管理现代化基础的居民身份证制度颁布实施
	1997年6月	国务院	《国务院批转公安部小城镇户籍管理制度改革试点方案和关于完善农村户籍管理制度意见的通知》	规定已在小城镇就业、居住，并符合一定条件的农村人口，可以在小城镇办理城镇常住户口
	1998年7月	国务院	《国务院批转公安部关于解决当前户口管理工作中几个突出问题意见的通知》	户籍制度进一步松动。据此通知，新生婴儿随父落户、夫妻分居、老人投靠子女以及在城市投资、兴办实业、购买商品房的公民及随其共同居住的直系亲属，凡在城市有合法固定的住房、合法稳定的职业或者生活来源，已居住一定年限并符合当地政府有关规定的，可准予落户
	2001年3月	国务院	《国务院批转公安部关于推进小城镇户籍管理制度改革意见的通知》	标志着小城镇户籍制度改革全面推进。通知规定，对办理小城镇常住户口的人员不再实行计划指标管理
	2012年2月	国务院办公厅	《国务院办公厅关于积极稳妥推进户籍管理制度改革的通知》	要引导非农产业和农村人口有序向中小城市和建制镇转移，逐步满足符合条件的农村人口落户需求，逐步实现城乡基本公共服务均等化
第四阶段：新型户籍制度改革目标确立	2013年11月	中共十八届三中全会	《中共中央关于全面深化改革若干重大问题的决定》	要"创新人口管理，加快户籍制度改革，全面放开建制镇和小城市落户限制，有序放开中等城市落户限制，合理确定大城市落户条件，严格控制特大城市人口规模。"
	2014年7月	国务院	《国务院关于进一步推进户籍制度改革的意见》	要进一步调整户口迁移政策，统一城乡户口登记制度，全面实施居住证制度，加快建设和共享国家人口基础信息库，稳步推进义务教育、就业服务、基本养老、基本医疗卫生、住房保障等城镇基本公共服务覆盖全部常住人口

我国户籍制度的改革和发展，一方面不断改进抑制家庭流动的城乡二元户籍制度，另一方面逐步建立起促进人才流动的新型积分落户制度，对因个体接受高等教育而产生家庭流动的促进作用，主要体现在以下两个方面：

1）城乡二元户籍制度的消除有利于破除抑制家庭流动的制度性壁垒，促进城乡间人口的合理流动。2014 年《国务院关于进一步推进户籍制度改革的意见》标志着新型户籍制度改革目标的确立，它指出要建立城乡统一的户口登记制度，取消农业户口与非农业户口性质区分和由此衍生的蓝印户口等户口类型，统一登记为居民户口，体现户籍制度的人口登记管理功能。[①]这是由传统的城乡分割的二元户籍制度过渡为城乡统一的居民户口制度。农业人口和非农业人口户口界限的打破、公民统一身份的形成，充分体现了公民具有身份转换和自由流动的权利，有利于剥离、剔除粘附在户籍关系上的种种差异化福利待遇，有助于实现城乡居民在发展机会面前地位平等。因此，那些出生在乡村地区并接受了高等教育的个体及其家庭成员可以根据个人意愿或家庭情感需要，自主地做出是否迁移的决定，不再受到户籍制度的"严格限制"，抑制家庭流动的制度性壁垒得以打破从而使家庭流动的趋势可能有所增强。

2）建立完善积分落户制度，落实放宽户口迁移政策，为人才的充分流动提供了便利条件。国家层面，《国务院关于进一步推进户籍制度改革的意见》在"进一步调整户口迁移政策"中明确指出要有效解决户口迁移中的重点问题，认真落实优先解决存量的要求，重点解决进城时间长、就业能力强、可以适应城镇产业转型升级和市场竞争环境的人员落户问题。不断提高高校毕业生、技术工人、职业院校毕业生、留学回国人员等常住人口的城镇落户率。[①]地方层面，积分落户逐渐成为特大城市的"标配"，发达城市为了加快城市发展，通过放宽户口限制来引进人才和优质劳动力资源。在北京、上海、广州等对外来人口吸引力较强的经济发达城市的积分落户政策中，教育背景的指标及分值远超过其他指标及分值，在能否顺利落户过程中起到举足轻重的作用。例如，北京市人民政府办公厅于 2016 年 8 月印发的《北京市积分落户管理办法（试行）》规定：大学专科（含高职）10.5 分，大学本科学历并取得学士学位 15 分，研究生学历并取得硕士学

---

① 国务院. 国务院印发《国务院关于进一步推进户籍制度改革的意见》. 国发〔2014〕25 号. http://www.gov.cn/zhengce/content/2014-07/30/content_8944.htm（2014-07-30）[2018-08-20]

位 26 分，研究生学历并取得博士学位 37 分。[①] 上海市人民政府于 2017 年印发的《上海市居住证积分管理办法》规定：持证人取得大专（高职）学历，积 50 分；持证人取得大学本科学历，积 60 分；持证人取得大学本科学历和学士学位，积 90 分；持证人取得硕士研究生学历学位，积 100 分；持证人取得博士研究生学历学位，积 110 分。[②] 广州市来穗人员服务管理局 2016 年 10 月印发的《广州市积分制入户管理办法实施细则》规定：本科及以上（60 分）；大专或高职（40 分）；中技、中职或高中（20 分）。[③] 各地积分落户制度表明，个体的受教育程度越高，所获得的积分就越多，实现异地落户的可能性就越大。接受高等教育个体在目标城市过上相对安稳的生活后，其家庭成员随之迁移的概率则大大增加。由此可见，进一步推进户籍制度改革，落实放宽户口迁移政策，使得因个体接受高等教育而带来的家庭流动变得更加简单易行，流动趋势可能有所增强。

第四节　社会保障制度的逐步完善有利于家庭流动

2009 年起，《国务院办公厅关于转发人力资源社会保障部财政部城镇企业职工基本养老保险关系转移接续暂行办法的通知》《流动就业人员基本医疗保障关系转移接续暂行办法》等政策的出台，意味着参加城镇企业职工基本养老和医疗保险人员的合法权益得到了切实保障，促进人力资源合理配置和有序流动，保证参保人员跨省、自治区、直辖市流动，并在城镇就业时基本养老和医疗保险关系的顺畅转移接续。过去人们需在户籍所在地办理退休手续，并领取养老金及享受医疗报销，一旦跨越地区就业，人们的养老和医疗保险权益的实现都会遇到极大

---

① 北京市人民政府办公厅. 北京市人民政府办公厅关于印发《北京市积分落户管理办法（试行）》的通知. 京政办发〔2016〕39 号 .http://zhengce.beijing.gov.cn/library/192/33/50/438650/79206/index.html（2016-08-11）[2018-08-20]

② 上海市人力资源和社会保障局. 上海市居住证积分管理办法. 沪发〔2017〕98 号 . https://jzzjf.12333sh. gov.cn/jzzjf/pingfen/zc2.jsp.（2017-12-29）[2018-8-15]

③ 广州市来穗人员服务管理局. 广州市积分制入户管理办法实施细则. 穗来穗〔2016〕24 号 . http://lsj. gz.gov.cn/lsnew/zcfg/201610/9dac7c316af348bebfcb4a8382afa5cf.shtml（2016-10-28）[2018-08-20]

的麻烦。随着社会保障制度的逐步完善，尤其是参保人员转移接续社会保险制度的出台，意味着各地不得以户籍等原因设置参保人在获得养老和医疗保险权益方面的障碍，流动人口的异地养老和就医有了相应的制度性保障，减轻了父母辈流动的后顾之忧，家庭流动的意愿和可能性增强。

第五节　高校对学生婚育限制的放宽有利于家庭流动

教育规章对于学生入学年龄和婚育权的调整变化，从禁锢逐渐走向放开。我国 1977 年恢复高考以来高校学生婚育权的发展，经历了由最初的"限制结婚"到"禁婚"，再到解除"禁婚、禁育"三个阶段。[①] 2003 年《婚姻登记条例》的颁布实施，取消了单位开具证明和强制婚检的规定，使得普通高校失去了对学生是否选择结婚的批准性限制权利，使结婚自由权完全回归到权利的主体，每一个达到法定结婚年龄的公民都可以自主行使自己的权利。2005 年 9 月，教育部取消大学生结婚禁令，从这时开始各高校也完全取消了对大学生婚恋的限制。[②] 由此，大学生婚育权利的实现从以往需要得到所在学校的批准，逐渐过渡成为每一个达到法定婚龄学生的个体自主行为（表 5-2）。

表 5-2　高校学生婚育限制的演变历程

演变	发布时间	发布部门	文件名称	有关婚育限制的规定
限制结婚	1978-12-13	教育部	《高等学校学生学籍管理的暂行规定》	学生在学习期间，要提倡晚婚。25 岁以下的不准结婚，擅自结婚者一律退学。26 岁以上的，经本人申请，学校批准，方能结婚（第 4 条）

---

① 尹力，张虹.高校学生婚育权与受教育权之发展演变——以 1978 年恢复高考以来教育部颁布的规范性文件为分析文本.教育学报，2008（03）：92-96
② 颜柯，宋智敏.我国大学生婚恋政策的演进与应对.湘潭大学学报（哲学社会科学版），2012（06）：59-62

演变	发布时间	发布部门	文件名称	有关婚育限制的规定
限制结婚	1981-02-28	教育部	《关于高等学校在校学生结婚规定的通知》	高校在校学生，一般应是未婚者，如有学生要求在学习期间结婚，则应先办理退学手续，但年龄在30岁以上结婚的和已结婚的，可继续留校学习
	1983-01-20	教育部	《全日制普通高等学校学生学籍管理办法》	在校学生一般应是未婚者。学生如果在学习期间擅自结婚，则应办退学手续（第35条）；取消学籍、退学的学生，均不得申请复学（第33条）
禁婚	1987-04-21	国家教委	《普通高等学校招生暂行条例》	未婚，年龄不超过25周岁（第9条）
	1990-01-20	国家教委	《普通高等学校学生管理规定》	在校期间擅自结婚而未办理退学手续的学生，作退学处理（第30条）
禁婚禁育的解除	2001-03-30	教育部	《普通高等学校招生工作规定》	不再规定报考高校的公民必须是未婚的
	2005-03-25	教育部	《普通高等学校学生管理规定》	不再规定在校学习期间擅自结婚而未办理退学手续的学生，作退学处理
	2007-07-09	人口计生委、教育部、公安部	《关于高等学校在校学生计划生育问题的意见》	对于已婚学生合法的生育，学校不得以其生育为由予以退学
	2017-02-04	教育部	《普通高等学校学生管理规定》	未出现有关在校生婚育限制的规定

　　随着我国高等教育规模的扩大及文化资本地位的不断上升，受教育者倾向于选择通过攻读更高学位或主动延长受教育年限的方式增长知识、积累能力，以更好地满足劳动力市场对人力资源的需求。大学在校生婚恋制度的放宽使得接受高等教育个体在读书期间自由结婚成为可能；入学无年龄限制使得结婚或已婚的学生比例持续上升；学生追求更高学位和研究生学制的弹性化，导致受教育年限普遍延长；学生在攻读硕士、博士学位期间怀孕生子的现象更是屡见不鲜。受教育者在读书期间满足家庭团聚情感需求的可能性因此大大增加，个体接受高等教育的漫漫求学路有可能不再是"一个人的孤军奋战"。这种满足家庭团聚情感需求的现实可能性形成一种推力，使夫妻中的一方倾向于流动到另一方接受高等教育的所在地，通过周期性或长久性迁移等形式实现陪读、工作或照顾子女。同时，当来自不同地区的接受高等教育个体选择在读书期间或毕业后结合在一起，他们作为家庭的独生子女，基于双方家人亲情、照顾第三代或长远经济利益的考虑和实际需要，他们的父母辈随之流动的可能性大大增加，作为高等教育溢出效

应的家庭流动趋势增强。

第六节 育儿观念的演变导致家庭流动的趋势增强

接受过高等教育的新一代年轻父母相比老一辈父母而言，更加重视学前教育、基础教育对儿童成长的重要作用，育儿观念也随时代的发展在代际传递的过程中不断地发生着更新和变化。研究表明，新一代年轻父母更加看重子女能够较早接受高质量的教育，希望自己的下一代能够享受到更加优质的教育资源，从而实现文化资本的积累和传递。"不能让孩子输在起跑线上"的观念，正潜移默化地影响着已经成为父母或即将成为父母的高等教育获得者选择在经济较发达、优质教育资源相对丰富的大城市工作和生活，为子女日后能够接受良好的教育奠定基础。与此同时，高等教育获得者的父母常常出于照顾孙辈的原因流动到子女生活和工作所在地，以解决其工作的后顾之忧。因此，育儿观念的演变使得家庭流动作为高等教育溢出效应的发展趋势日趋增强。

第七节 家庭观念的变化将导致家庭流动的趋势减缓

由于我国传统文化的深远影响，中国人注重家人的团聚和共同生活，"四世同堂"甚至是"五世同堂"被推崇为一种理想的和睦生活状态。但随着农耕文明到工业文明，再到现代科技革命的演进，在文化的冲突和融合之中，现代的思想观念对我国的传统文化造成了较大的冲击，新的家庭观更加强调家庭成员的独立和自由，子女相对于父母是独立的个体，而不愿成为其附庸。改革开放以来，随着我国城市居民居住条件的改善，特别是青年人的独立生活观念日益增强，二人世界的自由生活方式备受推崇。拥有独立生活新的家庭观的父母，有可能与以往具有传统家庭观的父母不同，他们会较少甚至不会跟随子女流动而改变自己的生活轨迹，从而导致家庭流动的趋势趋缓。

第六章

结语：个体高等教育获得影响家庭流动

作为高等教育一种溢出效应的研究，本书构思、设计、调查、分析和探讨了个体高等教育获得对家庭流动的影响，综合运用了教育学、社会学、人口学等学科的相关知识，借鉴了迁移法则、推拉理论等理论和分析方法，根据所研究的问题和内容，采用了质性研究与量化研究相结合、宏观分析和微观调研相结合以及理论与实践相结合的方法，以质性研究为主，辅以适当的量化分析，具体使用了观察法、问卷调查法、深度访谈法以及少量的统计分析，对家庭流动作为高等教育溢出效应的实践类型、形成原因、内在规律及发展趋势等进行了较为深入的研究和探讨。首先，通过对大量文献的研读、相关统计数据的分析和个案访谈研究，我们试图勾勒和描绘出因个体高等教育获得而引起家庭流动的脉络和图景，并通过对其现状的分析整理和研究概括，梳理出家庭流动的具体实践类型。其次，通过质性研究和适当的量化分析，对具有代表性的访谈案例进行归纳整理，并运用SPSS统计软件对问卷调查进行频率统计分析、交叉表统计分析，从个体、家庭、社会三个层面挖掘和剖析家庭流动作为高等教育溢出效应的形成动力和影响因素。最后，通过对家庭流动的全面解构，匹配理论逻辑与现象脉络的一致性，抽象出家庭流动作为高等教育溢出效应的基本规律及个体高等教育获得与家庭流动诸多因素间的内在联系。

家庭流动作为高等教育的一种溢出效应，是高等教育正外部效应的具体表现形式之一。它可以促进家庭的稳定与社会的和谐，使高等教育获得者自身及其家庭都能充分享受到高等教育的红利。这种高等教育溢出效应，就一般意义而言，无论对接受高等教育个体还是对社会，都是正向的、健康的和有益的。随着高等教育向着大众化、普及化的发展，由个体高等教育获得带动的家庭流动规模势必持续扩大，这种高等教育溢出效应的增强，有可能进一步推动社会对高质量高等教育的追求，从而进一步促进高质量高等教育的发展，但同时也难以避免地会导致现阶段高等教育获得者选择到大城市和经济发达地区就业生活的激烈竞争，进一步加剧人口流向的不平衡，形成一定的负面效应。

一、个体高等教育获得是引发家庭流动的一个重要因素

家庭流动作为高等教育的一种溢出效应，使得个体接受高等教育成为现代社会家庭流动的一种重要影响因素。它主要通过两条路径得以实现：一条路径是在个体接受高等教育过程中，以父母或配偶的"陪读"为主要形式。该路径亦可称为个体高等教育获得带动家庭流动的直接路径。在此路径中，因接受高等教育个体到异地求学，出于满足家庭成员间的情感和生活需要及家庭文化心理等方面的考量，导致接受高等教育个体在学习期间产生家庭流动。另一条路径是，在个体完成高等教育就业后带动了家庭的流动。该路径亦可称为个体高等教育获得带动家庭流动的间接路径。个体高等教育获得是其职业选择、个人收入、住房状况、育儿观念形成的基础，通过影响职业职位和经济条件进而间接地影响家庭的流动。这两条路径的共同之处在于，个体高等教育获得在家庭流动过程中发挥了最根本的基础性作用。没有个体高等教育获得这一基础性因素，其影响家庭流动的高等教育溢出效应便无从产生。

二、高等教育获得带动的家庭流动呈现多样化的实践类型

本书从七个维度对个体高等教育获得带动家庭流动的实践类型进行了划分：将流动时间作为分类依据，可分为周期性流动和长久性流动；将流动数量作为分类依据，可分为核心家庭的流动、主干家庭的流动和联合家庭的流动；将流动主体作为分类依据，可分为父母的流动、配偶的流动、子女的流动和平辈的流动；将流动批次作为分类依据，可分为一次性流动和多次流动；将个体接受高等教育的层次作为分类依据，可分为专科背景的家庭流动、大学本科背景的家庭流动、

硕士背景的家庭流动和博士背景的家庭流动；将流动方向作为分类依据，可分为规律性流动和非规律性流动；将流动中的关键驱动力作为分类依据，可分为经济推动型、情感推动型和混合型。

三、高等教育的层次和质量与家庭流动的可能性呈正相关关系

个体所接受的高等教育层次和质量，主要通过学历层次（研究生、本科生、专科生）和学校层级（"双一流"高校、"985"高校、"211"高校；一类本科院校、二类本科院校、三类本科院校、专科院校等）两方面来体现。研究表明，个体所接受的高等教育学历层次越高，毕业院校层级越高，家庭流动发生的可能性越大。这是由于个体接受高等教育的层次和质量直接影响着毕业生所处劳动力市场的位置。在劳动力市场分割理论中，一级劳动力市场对岗位技术的要求较高，职业性质包括技术工种、大部分白领职位、技术性、管理性和专业性的岗位；而二级劳动力市场主要对应没有技术要求或技术要求较低的工种或岗位。个体接受高等教育是进行人力资本投资的重要渠道，高等教育层次在劳动力进入一级劳动力市场时提供给雇主一种强大的能力信号，实现岗位筛选功能。进入一级劳动力市场的高等教育获得者容易获得工资高、工作条件好、职业稳定、安全性好、管理过程规范、升迁机会多的工作岗位，职业质量较高，相比在二级劳动力市场的个体更容易在较短的时间内获得家庭流动所必需的经济和物质资本积累，实现家庭流动的可能性更大。

四、家庭内部状态因素影响家庭流动的节奏和步骤

由于每个家庭的文化心理、情感依赖程度、家庭资本、家庭结构等内部状态各不相同，因此高等教育获得者在实现家庭流动的过程中，其流动形态、流动步骤、流动节奏千差万别。其中，家庭文化心理与情感依赖程度两者之间相辅相成，相互促进，共同作用于个体的发展与家庭流动决策的产生。家庭的社会资本、经济资本、文化资本决定了家庭是否有能力进行流动，以及以何种速度进行流动。家庭的内部构成即家庭的结构是影响家庭流动节奏和步骤的重要因素。例

如，对于核心家庭来说，家庭流动产生的动力更强、顾虑较小、牵绊更少、概率更大；而对于主干家庭和联合家庭来说，由于家庭规模大，人口数量多，家庭成员之间的关系复杂，情感联系相对松散，家庭流动的可能性也相对较小。

五、家庭流动受经济社会发展和国家制度性因素的调节与制约

受我国经济社会发展状况影响的城乡差别、区位差异，以及国家户籍制度等方面的因素，对个体高等教育获得带动的家庭流动起到调节与制约的作用。户籍制度作为一个重要的影响因素，即能否在工作地落户是影响高等教育获得者带动家庭流动的重要基础性条件。城乡差别作为一个重要的影响因素，对高等教育获得者形成推力和拉力，并进一步作用于高等教育获得者的家庭流动。区位差异作为一个重要的影响因素，经济发达、高等教育资源丰富的东部大城市更容易吸引和接受高等教育获得者带动家庭流动。

参 考 文 献

安东尼·吉登斯.社会的构成.李康，李猛译.北京：生活·读书·新知三联书店，1998

布尔迪厄.文化资本与社会炼金术——布尔迪厄访谈录.包亚明译.上海：上海人民出版社，
　　1997

曹明国.理论人口学.长春：吉林大学出版社，1989

陈向明.质的研究方法与社会科学研究.北京：教育科学出版社，2000

陈学飞.中国高等教育研究 50 年.北京：教育科学出版社，1999

陈婴婴.职业结构与流动.北京：东方出版社，1995

杜育红.教育发展不平衡研究.北京：北京师范大学出版社，2000

段纪宪.中国历代人口社会与文化发展.北京：中国科学技术出版社，1995

冯立天，陈剑.人口控制的理论与实践.北京：中国人口出版社，1991

符娟明.比较高等教育.北京：北京师范大学出版社，1987

高奇.中国高等教育思想史.北京：人民教育出版社，2001

辜胜阻，简新华.当代中国人口流动与城镇化.武汉：武汉大学出版社，1994

顾宝昌.社会人口学的视野.北京：商务印书馆，1992

顾明远.教育大辞典（第 11 卷）.上海：上海教育出版社，1991

桂世勋.人口社会学.济南：山东人民出版社，1986

国家教育委员会教育发展与政策研究中心.当代国际高等教育改革的趋向.北京：高等教育出
　　版社，1988

郝克明，汪永铨.中国高等教育结构研究.北京：人民教育出版社，1987

华东师范大学教育系，杭州大学教育系.西方古代教育论著选.北京：人民教育出版社，1985

华东师大外国教育研究所.外国高等教育参考资料.上海：华东师范大学出版社，1981

华东师范大学教育系.马克思恩格斯论教育（修订本）.北京：人民教育出版社，1986

江山野.简明国际教育百科全书课程.北京：教育科学出版社，1991

赖德胜.教育、劳动力市场与收入分配.经济研究，1998（05）：43-50

李春玲.中国城镇社会流动.北京：社会科学文献出版社，1997

李桂梅.冲突与融合——中国传统家庭伦理的现代转向及现代价值.长沙：中南大学出版社，
    2002

李慧京.人口与社会经济发展.西安：陕西人民出版社，1993

李竞能.现阶段中国人口经济问题研究.北京：中国人口出版社，1999

李路路.再生产的延续——转型制度与城市社会分层结构.北京：中国人民大学出版社，2003

李路路.制度转型与分层结构的变迁——阶层相对关系模式的"双重再生产".中国社会科学，
    2002（06）：105-118，206-207

李强.当代中国社会分层与流动.北京：中国经济出版社，1993

李若建.人口社会学基础.广州：中山大学出版社，1992

梁中堂.人口学.太原：山西人民出版社，1983

林富德，翟振武.走向二十一世纪的中国人口、环境与发展.北京：高等教育出版社，1996

刘海峰.科举考试的教育视角.武汉：湖北教育出版社，1996

刘慧珍.教育社会学.沈阳：辽宁教育出版社，1988

刘精明.教育与社会分层结构的变迁——关于中高级白领职业阶层的分析.中国人民大学学报，
    2001（02）：21-25

刘精明.转型时期中国社会教育.沈阳：辽宁教育出版社，2004

刘云杉.国外教育社会学的新发展.比较教育研究，2002（12）：1-6

刘长茂.人口结构学.北京：中国人口出版社，1991

刘铮.人口学辞典.北京：人民出版社，1986

卢梭.社会契约论.何兆武译.北京：商务印书馆，1987

陆学艺.当代中国社会阶层研究报告.北京：社会科学文献出版社，2002

吕昭河.制度变迁与人口发展：兼论当代中国人口发展的制度约束.北京：中国社会科学出版社，
    1999

马和民，高旭平.教育社会学研究.上海：上海教育出版社，1998

马侠.中国城镇人口迁移.北京：中国人口出版社，1994

孟宪承，陈学恂，张瑞璠，等.中国古代教育史资料.北京：人民教育出版社，1961

潘纪一.人口生态学.上海：复旦大学出版社，1988

潘懋元.多学科观点的高等教育研究.上海：上海教育出版社，2001

潘懋元，朱国仁.高等教育的基本功能：文化选择与创造.高等教育研究，1995（01）：1-9

潘允康.家庭社会学.北京：中国审计出版社，中国社会出版社，2002

彭希哲，梁鸿.中国人口受教育模式与结构的转变.复旦学报（社会科学版），1995（03）：
    275-282

彭勋，等.人口迁移与社会发展——人口迁移学.济南：山东大学出版社，1992

钱扑.教育社会学的理论与实践.南宁：广西教育出版社，2001

瞿葆奎.教育与社会发展.北京：人民教育出版社，1989

石中英.教育哲学导论.北京：北京师范大学出版社，2002

王嗣均.中国城市化区域发展问题研究.北京：高等教育出版社，1996

王渊明.历史视野中的人口与现代化.杭州：浙江人民出版社，1995

威廉·J.鲍莫尔，艾伦·S.布林德.经济学：原理与政策（第9版）.方齐云，姚遂译.北京：
    北京大学出版社，2006

魏津生.现代人口学.重庆：重庆出版社，1992

魏津生，王胜今.中国人口控制评估与对策.北京：高等教育出版社，1996

邬沧萍，穆光宗.中国人口的现状和对策.北京：清华大学出版社，1998

吴康宁.教育社会学.北京：人民教育出版社，1998

习近平.在北京大学师生座谈会上的讲话.北京：人民出版社，2018

习近平.中国共产党第十九次全国代表大会报告摘编（中、英文版）.北京：外文出版社，2018

谢安邦.比较高等教育.桂林：广西师范大学出版社，2002

谢维和.教育活动的社会学分析——一种教育社会学的研究.北京：教育科学出版社，2000

行龙.人口问题与近代社会.北京：人民出版社，1992

熊明安.中国高等教育史.重庆：重庆出版社，1988

许嘉猷.社会阶层化与社会流动.台北：三民书局，1986

许欣欣.当代中国社会结构变迁与流动.北京：社会科学文献出版社，2000

薛天祥.高等教育学.桂林：广西师范大学出版社，2001

杨云彦.中国人口迁移与发展的长期战略.武汉：武汉出版社，1994

姚远.人口与近代中国.北京：高等教育出版社，1992

叶骁军.中国都城发展史.西安：陕西人民出版社，1988

曾满超.教育政策的经济分析.北京：人民教育出版社，2000

张力.不同国家高等教育毛入学率比较.中国高等教育，2001（02）：43-44

张希哲.高等教育的理想与实际.台中：逢甲大学出版社，1988

张志良，原荣华.人口承载力与人口迁移.兰州：甘肃科学技术出版社，1993

中共中央马克思恩格斯列宁斯大林著作编译局.马克思恩格斯选集（第1-4卷）.北京：人民
  出版社，1972

中共中央文献研究室.邓小平论教育.北京：人民教育出版社，2000

中共中央宣传部.习近平新时代中国特色社会主义思想三十讲.北京：学习出版社，2018

中国教育科学研究院.习近平教育论述摘编.北京：中国教育科学研究院编印，2017

中央教育科学研究所《世界教育展望》编辑组.世界教育展望.北京：教育科学出版社，1983

周光迅.高等教育功能创新论.教育发展研究，2004（12）：109-112

周清.当代中国婚姻家庭与人口发展.北京：中国人口出版社，1992

周荣德.中国社会的阶层与流动：一个社区中士绅身份的研究.上海：学林出版社，2000

朱国宏.人地关系论.上海：复旦大学出版社，1996

Arum R，Beattie I R，Ford K. The Structure of Schooling：Readings in the Sociology of Education.
  Mountain View，CA: Mayfield Publishing Company，2010

Ball S J. Class Strategy and the Education Market：the Middle Class and Social Advantage.
  London：Routledge falmer，2003

Ball S J. Sociology of Education：Major Themes，Vol. I—IV. London：Routledge falmer，2000

Becker G S. Human Capital. New York：Columbia University Press，1964

Bernard B. Social Stratification：A Comparative Analysis of Structure and Process. New York：
  Harcourt，Brace，and World，1957

Bernstein B. Class，Codes and Control：Towards a Theory of Educational Transmissions. London：
  Routledge and Kegan Paul，1975

Biblarz T J，Raftery A E. The effects of family disruption on social mobility. American Sociological
  Review，1993，58（1）：97-109

Bottomore T B. Classes in Modern Society. London：Allen & Unwin，1965

Bourdieu P. The State Nobility：Elite Schools in the Field of Power. Cambridge：Polity Press，1996

Bourdieu P，Passeron J C. Reproduction in Education，Society and Culture. London：Sage，1977

Breen R, Jonsson J O. Inequality of opportunity in comparative perspective : recent research on educational attainment and social mobility. Annual Review of Sociology, 2005, 31 (1): 223-243

Brown P, Reay D, Vincent C. Education and Social Mobility. London : Taylor & Francis Ltd, 2015

Checchi D. The Economics of Education : Human Capital, Family Background and Inequality. Cambridge : Cambridge University Press, 2006

Collins R. The Credential Society : A Historical Sociology of Educaiton and Stratification. New York : Academic Press, 1979

Erikson R, Goldthorpe J H. The Constant Flux, A Study of Class Mobility in Industrial Society. Oxford : Oxford University Press, 1992

Featherman D L, Hauser R M. Opportunity and Change. New York : Academic Press, 1978

Glass D V. Social Mobility in Britain. London : Routledge, 1954

Green A. Education and State Formation. London : MacMillan, 1990

Kerckhoff A C. Generating Social Stratification : Toward A New Research Agenda. Boulder CO : Westview Press, 1996

Lipset S M, Bendix R. Social Mobility in Industrial Society. Piscataway, New Jersey : Transaction Publishers, 1991

Lucas S R. Effectively maintained inequality : education transitions, track mobility, and social background effects. American Journal of Sociology, 2001, 106 (6): 1642-1690

Marshall A. Principles of Economics. London : MacMillan, 1920

Stuart M. Social Mobility and Higher Education : The Life Experiences of First Generation Entrants in Higher Education. Simi Valley, CA : Trentham Books Ltd, 2012

Yossi S, Arum R, Gamoran A. Stratification in Higher Education : A Comparative Study. Palo Alto, CA : Stanford University Press, 2007

附　　录

附录一：家庭流动作为高等教育溢出效应调查问卷

尊敬的女士／先生：

您好！

非常感谢您能抽出宝贵的时间填写这份问卷。我们是"家庭流动作为高等教育溢出效应研究"课题组的调研员，需要获得一些关于您作为接受高等教育个体的情况和家庭流动方面的信息。您的回答是匿名的，无所谓对错，请您不要有任何顾虑。有关您的个人信息，我们将严格保密，希望您能真实地填答。

再次感谢您的配合！

"家庭流动作为高等教育溢出效应研究"课题组

二〇一五年三月

※ 填表说明：

1. 在每一个问题后适合自己的选项上划"√"号，或在 ＿＿＿＿＿ 填上适当的内容。

2. 无特殊说明，每一个问题只能选择一个答案。

3. 请认真阅读并填答，以免遗漏问题。

4. 问卷中核心概念解释：

　　家庭：指夫妻或父母与未婚子女或是已婚子女共同居住和生活；

　　流动：地区间的流动，即从某一地区向另一个地区的迁移过程；

　　家庭流动：家庭中的成员从原来的居住地迁移到另一个地区的过程；

　　家庭流动的初始阶段：家庭中第一个成员开始流动；

　　家庭流动的结束阶段：家庭中所有成员都完成流动。

A．基本情况

A1. 性别：1. 男　2. 女

A2. 年龄：_____ 岁

A3. 您的籍贯是：

　　1. 北京　　2. 天津　　3. 河北　　4. 山西　　5. 内蒙古　　6. 辽宁　　7. 吉林

　　8. 黑龙江　9. 上海　　10. 江苏　　11. 浙江　　12. 安徽　　13. 福建　　14. 江西

　　15. 山东　　16. 河南　　17. 湖北　　18. 湖南　　19. 广东　　20. 广西　　21. 海南

　　22. 重庆　　23. 四川　　24. 贵州　　25. 云南　　26. 西藏　　27. 陕西　　28. 甘肃

　　29. 青海　　30. 宁夏　　31. 新疆　　32. 台湾　　33. 香港　　34. 澳门

A4. 您的户口性质：

　　1. 农业　　2. 非农业

A5. 您目前的生活和工作所在地：

　　1. 北京　　2. 天津　　3. 河北　　4. 山西　　5. 内蒙古　6. 辽宁　　7. 吉林

　　8. 黑龙江　9. 上海　　10. 江苏　　11. 浙江　　12. 安徽　　13. 福建　　14. 江西

　　15. 山东　　16. 河南　　17. 湖北　　18. 湖南　　19. 广东　　20. 广西　　21. 海南

　　22. 重庆　　23. 四川　　24. 贵州　　25. 云南　　26. 西藏　　27. 陕西　　28. 甘肃

　　29. 青海　　30. 宁夏　　31. 新疆　　32. 台湾　　33. 香港　　34. 澳门

A6. 您现在的住房情况：

　　1. 租房　　2. 买房

A7. 您家庭中的兄弟姐妹有 _____ 个

A8. 您的工作年限：_____ 年

A9. 您所接受的高等教育层次和类型及获得该学历所在地：（将获得学历所

在地的序号写在相应的学历后即可）

　　　1. 博士研究生 ＿＿＿　　　2. 硕士研究生 ＿＿＿＿＿

　　　3. 大学本科 ＿＿＿＿　　　4. 高职高专 ＿＿＿＿＿

　　　1. 北京　　2. 天津　　3. 河北　　4. 山西　　5. 内蒙古　　6. 辽宁　　7. 吉林

　　　8. 黑龙江　9. 上海　　10. 江苏　　11. 浙江　　12. 安徽　　13. 福建　　14. 江西

　　　15. 山东　16. 河南　　17. 湖北　　18. 湖南　　19. 广东　　20. 广西　　21. 海南

　　　22. 重庆　23. 四川　　24. 贵州　　25. 云南　　26. 西藏　　27. 陕西　　28. 甘肃

　　　29. 青海　30. 宁夏　　31. 新疆　　32. 台湾　　33. 香港　　34. 澳门

A10. 您的平均月收入是 ＿＿＿＿＿ 元

A11. 您目前工作单位的性质：

　　　1. 党政机关　　2. 事业单位　　3. 国有及国有控股企业　　4. 集体企业

　　　5. 个体工商户　6. 私营企业　　7. 外资企业　　　　　　　8. 其他＿＿＿＿

A12. 您目前的主要职业是：

　　　1. 国家与社会管理者　2. 专业技术人员　　3. 办事人员和有关人员

　　　4. 商业工作人员　　5. 服务性工作人员　　6. 农、林、牧、渔、水利业生产人员

　　　7. 生产工人、运输工人和有关人员　　　8. 警察及军人　　9. 无固定职业

B. 高等教育选择情况

B1. 您参加高考的年份：＿＿＿＿＿＿＿＿

B2. 您参加高考时的家庭经济状况：

　　1. 上游水平　　2. 中游偏上水平　　3. 中游水平　4. 中游偏下水平　　5. 下游水平

B3. 您高考时父亲的工作单位性质：

　　1. 党政机关　　2. 事业单位　　3. 国有及国有控股企业　4. 集体企业

　　5. 个体工商户　6. 私营企业　　7. 外资企业　　8. 农民　　9. 其他＿＿＿＿

B4. 您高考时母亲的工作单位性质：

　　1. 党政机关　　2. 事业单位　　3. 国有及国有控股企业　4. 集体企业

　　5. 个体工商户　6. 私营企业　　7. 外资企业　　8. 农民　　9. 其他＿＿＿＿

B5. 您高考时父亲的文化程度：

　　1. 小学　　　　2. 初中　　　3. 高中 / 中专 / 技校 / 职高　　4. 大专

5. 大学本科　　6. 硕士　　　7. 博士

B6. 您高考时母亲的文化程度：

1. 小学　　　　　2. 初中　　3. 高中 / 中专 / 技校 / 职高　　　4. 大专

5. 大学本科　　6. 硕士　　　7. 博士

B7. 高考后您就读的学校类型：

1. 一类本科　　2. 二类本科　　3. 三类本科　　4. 高职高专（大专）

B8. 您接受高等教育的原因是：_____（请将您认为最重要的三个原因的序号写在表格内）

1. 个人理想　　　　　2. 父母意愿　　　　　3. 家庭或家族期许

4. 社会环境要求　　　5. 其他 _____

第一重要	第二重要	第三重要

B9. 您就读学校所在地与籍贯所在地是否一致（若选1，则跳过B10；若选2，则继续填写）：

1. 一致　　2. 不一致

B10. 您就读学校所在地与籍贯所在地不一致的原因是（可多选）：

1. 籍贯所在地无优质高等教育机构

2. 追求更好、更优质的高等教育质量（名校、高等学府）

3. 追求独立、自由的学习和生活空间

4. 高考录取调剂结果

5. 适应家庭搬迁所产生的地域流动

6. 投亲靠友

7. 地域偏好

8. 有在此地工作、生活的打算

9. 其他_____

C. 职业选择情况

C1. 您在大学期间（含高职高专）所学专业类型是（可多选）：

1. 哲学　2. 经济学　3. 法学　4. 教育学　5. 文学　6. 历史学　7. 理学

8. 工学 9. 农学 10. 医学 11. 军事学 12. 管理学 13. 艺术学 14. 计算机软件

C2. 您的所读专业与初次工作岗位是否对口：

　　1. 对口 2. 不对口

C3. 您初次就业的工作单位性质是：

　　1. 党政机关　　2. 事业单位　3. 国有及国有控股企业 4. 集体企业

　　5. 个体工商户 6. 私营企业 7. 外资企业　　　　　8. 其他 _____

C4. 您初次就业的职位是：

　　1. 国家与社会管理者　2. 专业技术人员　　3. 办事人员和有关人员

　　4. 商业工作人员　5. 服务性工作人员　6. 农、林、牧、渔、水利业生产人员

　　7. 生产工人、运输工人和有关人员　　8. 警察及军人　　9. 无固定职业

C5. 您在毕业后做初次职业选择时受到哪些因素的影响（可多选）：

　　1. 户籍所在地　　2. 学校层次及类型　　3. 学习成绩

　　4. 家庭的社会关系 5. 家庭经济条件　　6. 个体性格

C6. 请对您在毕业后初次选择工作区域时所受到的各方面影响因素进行程度打分：

	弱			强	
1. 就业机会	1	2	3	4	5
2. 竞争压力	1	2	3	4	5
3. 生活环境	1	2	3	4	5
4. 人际关系	1	2	3	4	5
5. 家庭归属感	1	2	3	4	5
6. 发展前途	1	2	3	4	5
7. 为下一代考虑	1	2	3	4	5

　　8. 其他（若有其他影响因素，请填写并为其打分）_____

C7. 您初次就业地与接受高等教育所在地是否一致（若选 1，则跳过 C8；若选 2，则继续）：

　　1. 是

　　2. 否

C8. 您初次就业选择地点与接受高等教育地点不一致的原因（可多选）：

　　1. 经济收入高 2. 职业稳定 3. 社会地位高、工作体面 4. 工作压力小

5. 晋升空间大　6. 接触新鲜领域　7. 跟随家庭及亲属流动　8. 生活成本低

9. 家庭社会网络、人脉关系　　　10. 家庭偏好　　　　11. 其他_____

D. 家庭流动（迁移）情况

D1. 您初次家庭流动的发生时间（若选 1，则跳过 D2；若选 2，则继续）：

1. 接受高等教育阶段

2. 工作阶段

D2. 您初次家庭流动是在高等教育结束后什么时间发生的：

1. 一年以下　2. 一至三年　3. 三至五年　4. 五至十年　5. 十年以上

D3. 目前已经完成的家庭成员流动数量：_____ 人

D4. 未来您的家庭成员是否会跟随您工作所在地变迁而流动（在以下三栏中选择一项填答）：

1. 会，原因是：	2. 不会，原因是：	3. 不确定
（1）个体工作稳定	（1）个体工作不稳定	
（2）个体生活条件好	（2）个体生活条件差	
（3）家庭团聚的情感需要	（3）家庭成员不愿远离家乡	
（4）流入地的吸引力强	（4）流入地的吸引力弱	

D5. 请您在以下产生家庭流动的流动意愿因素中选出 5 个最重要的因素，并按照重要程度填入表格内：

1. 家庭结构　　2. 家庭情感凝聚力　3. 父母退休情况　4. 下一代抚养

5. 个体工作收入　6. 家庭生活　　　7. 个体事业想法　8. 教育获得

9. 地区公共服务　10. 地区环境质量　11. 地区政策优惠

12. 地区交通便利程度　13. 相对生活成本

第一重要	第二重要	第三重要	第四重要	第五重要

D6. 您认为个体接受高等教育对家庭流动的影响程度：

1. 影响程度非常大　2. 影响程度较大　3. 影响程度一般

4. 影响程度较小　　5. 没有影响

D7. 请谈谈您对接受高等教育对家庭流动所产生的影响和作用的看法：

_____

_____

问卷到此结束，对您的回答再次表示感谢！

附录二：家庭流动作为高等教育溢出效应访谈提纲

【个体基本情况】

1. 请描述您当前的基本生活情况：您的年龄、籍贯、目前的生活和工作所在地、户口性质、住房情况、有几个兄弟姐妹、职业及工作性质、工作年限、平均月收入、学历、所接受的高等教育类型及获得该学历的学校所在地。

【第一阶段：从原籍地到上学地】

2. 您是哪年参加高考的？您高考时父母的职业、文化程度、家庭年收入（家庭经济状况）是怎样的？

3. 您所就读的大学在您的籍贯地吗？您在选择大学时哪些因素对您产生了影响（如个人理想、家庭经济水平、学习成绩、地区吸引力等等），其中最重要的影响因素是什么？个体意愿和家庭情况哪个对您在选择大学时的影响更大？

4. 您在接受高等教育的过程中是否产生了家庭流动？例如陪读。

【第二阶段：从上学地到工作地】

5. 您在接受高等教育的过程中，在哪些学校学习过哪些专业？您找工作时，哪些因素影响了您的职业选择？您的受教育情况和家庭条件哪个占主导地位？

6. 您的工作地点和接受高等教育的地点是否一致？为什么？最主要的影响因素是什么？

7. 在您从上学地到初次工作地的过程中，是否产生了家庭流动？

【第三阶段：职业获得以后】

8. 您的初次家庭流动是在何时产生的？是接受高等教育时、毕业后、还是工作稳定后？是在毕业多久后产生的家庭流动？

9. 这些家庭成员的流动与您的职业类型、工作性质、经济收入水平关系密切吗？是否您的职业质量越高，带动家庭流动的意愿越强烈？

10. 您的家庭流动是否已经完成？在流动过程中，具体是哪些成员跟随您流动的？在什么情况下流动的？流动的步骤是怎样的？

11. 影响您家庭流动的主要因素有哪些？您接受的高等教育在其中占了多大的比重？

附录三：访谈记录①

访谈记录 1（男性）

问：您的籍贯是？

答：河南，我是从河南流动到北京的。

问：您的年龄？

答：我今年 30 岁。

问：您的户口性质是？

答：我在高考前是农业户口，高考后是非农业户口。

问：您有几个兄弟姐妹？

答：我有一个妹妹。

---

① 注：为了真实地呈现访谈过程，仅对作者提供的访谈记录中的错别字作技术处理。

问：您的工作年限是？

答：已经工作五年了。

问：您是哪年参加高考的？

答：2004 年参加的高考。

问：您现在的学历是？

答：硕士研究生。

问：您目前平均月收入是多少？

答：6000 元钱左右吧。

问：您现在工作单位的性质是？

答：我在政府机关工作，是国家公务员。

问：您高考时的家庭经济情况如何？

答：那时家里的经济条件不是很好，也就中等偏下水平吧。

问：您高考时父母的工作性质是什么？

答：他们都是农民。

问：您高考时父母的文化程度如何？

答：高中毕业。我家当时是富农，上完高中后就不让上大学了，家庭成分的原因，父母就没有继续接受高等教育。

问：您本科的院校是？

答：我读的是中央财经大学，一本。

问：您为什么会参加高考？为什么会接受高等教育？

答：我参加高考的原因有很多，首先最重要的就是受到社会大环境的影响。当时不懂什么是选择，就是大家都参加高考，老师每天都让你学习，大家唯一的目标就是通过高考上大学，这是整个社会的大环境，也就不存在什么选择、规划之类的问题。第二个呢，就是跟家庭的影响有关。家庭会对你产生期望和期许，就觉得你出生在一个小地方，还是应该通过高考走出这个小地方，看看大世界。那么途径就很单一啊，要么你就去打工，要么你就去考学，所以说这个家庭的因素也是非常重要的。排在第三位的才是你个人的意愿，你高中接受教育后还是会对大学、对未来美好的生活有一定的向往，这些也会促使你去努力，必须得考上大学，争取通过接受高等教育改变生活、改变命运。

问：也就是说参加高考的影响因素里社会大于家庭、家庭大于个人？

答：对，可以这么说。

问：那您在选择高校的时候是希望选择离家近的地方还是离家远的地方？在选择大学所在地的时候是基于什么因素考虑的呢？

答：我自己还是想选一个与自己籍贯不一致的地方上大学。我们是在一个中部的省份，经济不太发达，北京毕竟是首都嘛，人人向往。高考之前我只在郑州待过，没有去过更大的城市，北京很神秘，不管怎么样也要选择一个像北京或上海这样的大城市。

问：那为什么觉得北京的吸引力更大呢？

答：它是首都啊，在外地人眼里北京是个神圣的地方。电视里一放，就是天安门真伟大，你得去看看。完全没有理性的分析，完全是感性的认识。那个时候并不懂什么是好大学，只要是北京的学校就行。这可能不是高等教育的溢出效应，这是宣传的溢出效应了，哈哈。总之，第一就是北京的地区吸引力，北京很好，就要去北京。第二就是学校的吸引力，人人都想去个好一点的学校。我们河南那个地方，不是说好学校不多，是压根儿就没有好的大学。即使是郑州大学也是省属学校，家门口的学校一点神秘感都没有。还有就是，选志愿的时候自己知道，即使外面的好的大学上不了，家门口的河南大学、郑州大学肯定没问题，也都能上得了，那就优先选择外面的大学。第三就是有那么一点儿想要追求自由生活的成分吧，从小在那个小圈子里长大，还是想出去看看。我觉得这也是高等教育的溢出效应，追求自由，特别想独立。

问：好的。请介绍一下您的具体学习经历。

答：我本科是中央财经大学的汉语言文学专业，硕士是中央财经大学的经济学专业。

问：您毕业后初次就业的工作性质是什么呢？

答：高校行政人员。我当时是工作保研，在学校的宣传部工作，工作两年后继续读硕士研究生。相当于是分配的工作、分配的研究生。

问：您认为您的专业和您的初次就业岗位是否对口呢？

答：差不多算是对口吧，因为汉语言文学是学文字嘛，在宣传部工作也是从事与文字相关的工作，基本是对口的。

问：您毕业后的职业选择主要考虑了哪些因素呢？

答：因素特别多，所以人也容易纠结。我当时作为外地人在北京，可以不考虑收入，但你得有个稳定的工作。稳定的工作就意味着你得有一个户口，什么叫稳定呢？我当时觉得去政府机关、事业单位，那就是稳定了，所以这两种是优先考虑的。当然收入也要考虑，但它不是最主要的考虑因素，不会把它放在最靠前的位置。还有你从事的工作的社会声望，在高校当老师，相对还是有一定的社会地位的，虽然我们只是跑腿儿的。

问：您毕业后就在北京工作了，您的高等教育接受地和初次就业地是一致的。那么您接受高等教育之后，在您硕士毕业进行职业选择的时候就没有想过回家、回河南吗？

答：这个完全没有纠结。倒不是说我不爱家乡，主要是家乡可供选择的工作机会还是少。在北京工作的机会、收入、环境比家乡好很多。哪怕说不是为工作，你就说生活吧，在北京，基础的生活设施、医疗、娱乐、交通都很完备。家乡各方面还是不那么完善。所以说啊，比起回河南老家，北京的地区吸引力就是强，北京就是好，就要留在北京。

问：没有想过去其他城市吗？比方说上海？

答：没有想过，因为我是北方人嘛，北方人去南方确实还是有点生活不太习惯。北方大城市也不太多，还有就是在北京生活几年了，熟悉了，习惯了，也就不想再动了。

问：您不觉得北京的生活压力很大吗？竞争之类的？

答：关键是我优秀啊，哈哈。其实我觉得我自己还是挺顺利的，毕业后一找就找到工作了。

问：那您觉得居住条件对家庭流动有影响吗？

答：肯定是有影响的。如果我在北京没有稳定的住房，我的家人是不可能流动过来的。一个最现实的问题就是他们来了以后住哪儿？如果我能有自己的房子当然最好，但是在北京买房的压力实在是太大了。所以即使我现在租房，家人也可以来照顾我和孩子。如果我自己都没地方住或住房条件太差，家人也不可能流动到我这里来。

问：您初次的家庭流动是在什么时候发生的？

答：大概是在 2012 年吧，就是毕业后三四年左右。

问：目前您家庭流动的成员是？

答：现在已经流动的是两个人。2012 年是我妹妹先流动过来的，直接就流动到北京工作了，她的流动和我的流动有很大相关性，这就是家庭团聚因素的影响，因为我在北京所以她才流动到北京工作的，以便互相有个照应。她的工作和高等教育获得之间没有直接联系，主要是家庭社会关系的影响。我妹流动过来之后，母亲就流动过来了，因为两个孩子都在这儿，她在家里没有事情的时候就会过来。

问：在未来的话，您的父亲有流动过来的计划和打算吗？

答：据我所知，他流动的意愿并不大。现在没有流动是因为我奶奶还健在，他要在家照顾老人，所以肯定没法流动。我自己的打算是想让他流动过来，一家团聚，一块儿生活，可以在一个城市就好。但以我对他的了解，他觉得在大城市生活不自由，就不太想流动。实际上，我妈妈的流动也是因为她想要照顾我们兄妹俩，如果不是为了和孩子们在一起，她自己也不愿意流动。

问：您认为您接受高等教育在家庭流动过程当中起到了多大的作用呢？

答：我觉得是比较大的影响和作用。如果我没有在北京接受高等教育的话，就不会在北京找到一个稳定的工作，如果自己稳定不下来的话，家庭也不会随之流动。

问：如果让您给高等教育在家庭流动影响打分的话，满分是 5 分，您会打多少呢？

答：3.5～4 分吧。

问：您觉得有其他因素对家庭流动的影响比高等教育更大的吗？

答：我这没有。可能有些人有，比方说家里拆迁了，反正他也要找地方，就不如跟着子女过。还差的那个 1 分，保留一点儿余地，如果我没有接受高等教育，但我在北京工作了，父母也可能会跟着一块儿来，不是百分之百，就是有这种可能。高等教育对于家庭流动的影响不是百分之百，但是很大，对我来说能达到 75%～80% 吧。

访谈记录 2（女性）

问：您的年龄是？

答：我今年 27 岁。

问：您的籍贯是？

答：我出生于吉林省吉林市。

问：您目前生活和工作所在地是？

答：现在是在北京。

问：您的户口类型是？

答：我是非农业户口。

问：您的住房情况是怎样的？

答：我已经自己买房了。

问：您有几个兄弟姐妹？

答：没有，我是独生女。

问：您的职业及工作性质是？

答：我在一家出版社工作，是事业单位。

问：您的工作年限是？

答：工作 3 年了。

问：您的平均月收入？

答：大概 5000 元左右吧。

问：您的学历是？

答：硕士毕业。

问：能否介绍一下您每个学历层次的专业和学校所在地？

答：我本科是在大连民族学院，专业是国际贸易；硕士是中央财经大学，专业是媒体经济。

问：您是哪年参加高考的呢？

答：2006 年。

问：您选择大学的时候，您的学校和籍贯并不在同一个地区，在地域上还是有一些距离的。请问您在选择大学时，什么因素对您的影响比较大呢？是个人还是家庭呢？

答：我觉得是个人和学校的影响比较大，再一个是地域的问题。作为北方学生的话，想往南方考的人也还是比较少的。一般都是首选北京，大连是我的第二志愿，第一志愿落选了，所以去的大连。家里有一定的参考价值，但是还是以我的个人意愿为主来决定去哪个学校。

问：您还记得您高考时父母的职业情况吗？

答：我父母都是国企员工。

问：那您高考时父母的文化程度是？

答：都是大专文凭。

问：您对高考时的家庭年收入情况还有印象吗？

答：嗯，十几万吧，中游水平。

问：您上大学本科的时候有没有产生家庭流动呢？

答：本科的时候没有。

问：您在找工作的时候受到了哪些因素的影响？

答：专业和工作本身。我觉得工作是一个双向选择的结果，首先是根据自己的专业来挑工作，另一个就是根据个人的爱好。还有就是工作是否能解决户口的问题吧。在北京找工作，户籍是个很重要的因素，占很大的比例。

问：您在找工作的时候，您家里对您产生过什么影响吗？

答：基本没有。找工作这事完全是我自己的决定。我父母让我比较自由地发展，没什么具体的规划，属于放养式的。

问：您硕士就读的学校所在地和工作地是一致的。那么您在找工作的时候，是本科的学历影响更大还是硕士的学历影响更大呢？

答：硕士学历起到更大的影响。较高的学历水平对职业选择产生更大的影响。

问：那您初次产生家庭流动是在什么时候呢？

答：是在北京，我硕士毕业定居以后。基本上，在我工作的第一年就产生家庭流动了。

问：能简单介绍一下当时家庭流动的情况吗？

答：因为我已经结婚了，但还没有孩子，再加上双方父母中已经有退休的了，所以双方父母都会定期过来看望我们，待一段时间。流动的原因就是照顾子女生活吧。一年过来两三次，一次流动的周期一般是两个月左右吧。

问：您觉得您家庭的流动与您和您丈夫的职业以及经济收入有关系吗？相关性有多大呢？

答：我觉得主要取决于经济收入吧。因为流动的前提是要有一个稳定的居住环境，所以父母才有可能流动过来。你想，有些人即便是接受了高等教育，但如果是住在群租房里，那父母流动过来的概率可能就比较小吧。要想有稳定的生活和居住环境，一定的经济基础是必不可少的。

问：那今后父母有长期过来跟你们生活的打算吗？

答：有小孩以后，他们应该会有这样的打算。做不到举家迁移吧，但是男方家里会有长期流动过来的打算，这是基于照顾下一辈的原因。

问：能预期是在多久以后吗？

答：大概是两年以内吧。

问：您觉得您接受高等教育和产生家庭流动这两者之间的关系有多大？或者说您觉得影响您家庭流动最主要的因素是什么？

答：我觉得影响家庭流动的主要因素是要有一个稳定生活的状态，生活稳定的前提应该是在北京这样的大城市接受过高等教育，因为一般接受过高等教育的人才有机会留在这里，有机会留在这里之后才会产生家庭流动。简单地说，首先要生活稳定，生活稳定的前提就是有一定的经济收入，经济收入是和接受高等教育有关系的。

问：所以您觉得高等教育的获得是越高越好吗？

答：起码要在平均线以上吧。我觉得现在在北京这样的大城市，最起码要拿到硕士学位。

问：那您觉得高等教育在引起家庭流动中的比例能占到多少呢？

答：占到 60% 吧。

访谈记录 3（女性）

问：您的年龄是？

答：我今年 28 岁。

问：您的籍贯是？

答：山东。

问：您目前生活和工作的所在地是？

答：都在北京。

问：您的户口所在地是？

答：我已经在北京落户了。

问：您的户口类型是？

答：我是非农业户口。

问：您的住房情况怎么样？

答：我是自己买房的。

问：您有几个兄弟姐妹？

答：两个，我还有一个弟弟。

问：您的职业及工作性质是？

答：我现在是公务员。

问：您的工作年限是？

答：7年，我算工龄的话就是7年了，但是我现在的公务员工作年限是3年。

问：您的平均月收入如何？

答：平均6000到7000元吧。

问：您现在的学历情况是？

答：硕士。

问：请您介绍一下您的教育背景，您的专业及学校所在地情况？

答：本科和硕士都是中央财经大学，都在北京。本科专业是财经新闻，研究生的专业是媒体经济。

问：那本科和硕士中间工作过吗？

答：中间工作过两年，算是留校工作吧。优干保研（优秀学生干部免试保送攻读研究生）留校的。

问：您是哪年参加高考的？

答：我是2004年。

问：您高考时父母的职业情况是？

答：我爸是医生，我妈是我们那儿政府的公务员。

问：当时父母的受教育水平、文化程度是？

答：我爸是本科，我妈那个时候应该算是中专吧。

问：您对高考时家庭的收入情况还有印象吗？

答：我觉得在我们那儿处于中上水平吧。

问：您的出生地和初次接受高等教育的地区是不一致的，请问您在选择高校时哪些因素起到了比较重要的作用？

答：当时主要就是根据高考成绩来选择的，就是希望接受更好的教育吧。

问：当时怎么选择来北京，为什么不在家里读山东的大学，而选择出来读呢？

答：因为山东的重点本科比较少，可选择的范围也比较小，北京的选择范围更大一些。还有就是北京是首都嘛，这其中当然也有南北方和地域的影响。我老公是安徽的，所以他选择的时候倾向于上海或是广州。而北方人的话，特别是山东人或河南人，多数人会选择来北京，好像有些湖南人也会喜欢来北京。

问：您的家庭在您做选择的时候有没有对您产生一些影响呢？

答：家里比较尊重我个人的意愿，没有做更多的干涉。

问：请问家庭的经济情况对您选择学校有影响吗？

答：我觉得我当时做选择的时候没有考虑到家庭对我的影响，而这种没有影响其实就是一种家庭对我的影响。比如说，家里没有想着以后要我挣钱或是怎样，反倒让我在选择的时候就没有过多考虑家庭因素。比如说，如果我受到了家里经济情况的影响的话，我就得想去哪个城市以后能多挣点钱，以后要还债或是怎么样的，如果是那样的话也是一种影响。但在我这里是没有受到这个影响的。

问：父母的职业或者说是父母的文化程度对您接受高等教育有影响吗？

答：有吧，我觉得。因为他们曾经受到了很好的高等教育，知道高等教育对于个人成长成才的重要性，所以很支持我读大学。

问：在地区吸引力、个人理想、家庭影响（包括家庭的经济情况、家庭文化的影响）三个因素里，您觉得哪个因素对你选择大学的时候影响更大？

答：个人理想吧。

问：那您本科来中央财经大学的时候有没有带动家庭父母的流动呢？

答：没有，除了父母过来旅游，当然这个不算。

问：那硕士的时候呢？硕士的时候有家庭的地域流动吗？

答：也没有。

问：您在找工作的时候，您觉得哪些因素影响了您的职业选择？

答：我本科毕业后就留校了，研究生毕业后就考上公务员了，这是个顺其自然的过程，我真的没有太多地考虑过这个问题。主要是个人情况、自身条件使我做的这个选择，或者说接受高等教育的影响大于家庭的影响吧。

问：您接受高等教育的地点和工作的地点是一致的，主要的影响因素就是个人学习和工作的自身条件？

答：对的，就是这样。

问：您本科毕业，然后工作保研，先在中央财经大学工作了两年后又继续读研，硕士毕业后，您就跳槽了？

答：对，虽然学校工作也不错，但是因为有更好的地方，所以就走了。而且我觉得公务员更适合我吧。

问：您从上学地到初次工作地之间产生了家庭流动吗？

答：父母有短时间地、定期地来看我们。因为我弟弟也是在北京读的大学。比方说父母有时间、放假的时候可能就会过来看我们。但他们也有自己的工作呀，而且他们也没有退休。

问：请您回忆一下，您的初次家庭流动，就是父母初次定期地、短时间地过来看你们，是在什么时候发生的？

答：应该就是在我初次工作后不久，就是工作保研的时候。

问：那每次会待多长时间呢？

答：这个不一定，主要是看他们的时间和我们的需求。比方说假期的时候他们方便了就会过来，如果不是假期的话比方说我生病了或是有什么事情需要他们的时候，他们也会过来。

问：那现在父母还是在家里吗？

答：不是。因为我有小宝宝了，而且我的宝宝现在还很小，所以我妈妈就过来帮我带一段时间，现在又换我公公婆婆来。

问：所以说，您家庭成员的流动是因为生活上照顾孩子的需要才流动的？

答：对。我父母和公公婆婆来北京主要是为了帮我们带孩子，我们俩上班都很忙，孩子给保姆带第一是不放心，第二是要花很多钱，还不如让老人来帮忙照顾，自己能少担点儿心。

问：你父母来北京照顾宝宝，他们那边的工作怎么办呢？

答：我妈妈是请假过来的，我婆婆是提前办了退休，公公也是请假，然后过来帮助照顾孩子，只能是几个老人这样轮换着来。

问：那么现在的这种流动算是定期的吗？

答：现在就算是定期的了。因为我们这边必须要有老人，要不就是我父母到这边来，要不就是我公公婆婆到这边来。

问：他们一般来一次待多长时间呢？

答：我妈妈是一个月左右吧，我婆婆这次来3个月了，还得再待几个月不好说，因为孩子离不了人。以后孩子上了学，家里也得有人看着。他们现在是每半年轮一次，包括以后孩子上学也得有人接送。

问：那以后您这边有让老人长期地在北京定居生活的打算吗？

答：是的，那肯定得有。等他们退休以后，我就打算把他们都接过来，在北京定居了。

问：那您觉得这个时间得有多久呢？

答：这种把他们接过来生活的想法，很大程度上取决于他们愿不愿意来，他们想什么时候来，这往往不取决于我们的意愿。现在因为有孩子了，所以他们不得不过来帮我看孩子。如果我没有生育孩子，他们有他们自己的事业，有他们自己的生活，有他们退休后自己生活支配的时间，他们也不会长时间地过来。即使北京有更好的生活条件，但是他们在自己家里生活会感觉更舒服，所以说他们也是因为要过来替我们照顾孩子才可能会离开原居住地到北京来。

问：您现在的家庭流动是属于分批的流动，是为了照顾孩子，然后分批过来的？

答：对的。

问：那现在有哪些家庭成员流动了呢？

答：爸爸妈妈和公公婆婆。

问：那流动的程序就是看需要，谁能过来，谁需要过来，谁就过来？

答：对，是这样的。

问：那您觉得这种家庭的流动，跟您现在的职业类型、收入水平有密切的关系吗？

答：没有。如果你没有房子，即使你租房子他们也得来。这是一种必须，也还是有影响的，如果你的条件好，家庭流动的次数就会更多，生活的条件也会更好。由于这种需要是必须的，所以我觉得跟职业、收入之类的影响不大。

问：那您对职业的收入越高，家庭的流动意愿越强烈这个看法赞同吗？

答：不太赞同，就是因为生活需要，所以不管你家庭收入情况怎么样，家庭流动都得产生。

问：您觉得接受高等教育在影响家庭流动里占了多大的比重？

答：对我来说，我觉得没有太大的影响。因为无论我去哪儿生活都会基于生活上、照顾孩子的需要产生家庭流动，只不过我在北京接受高等教育，所以家庭就流动到这里了。

访谈记录 4（男性）

问：您的年龄是？

答：57 岁。

问：您的籍贯是？

答：我祖籍山西。

问：您目前生活和工作所在地是？

答：北京。

问：您的户口类型是？

答：非农业户口。

问：您的住房情况？

答：我已经买房了。

问：您有几个兄弟姐妹？

答：我有 4 个兄弟姐妹。

问：您的职业及工作性质是什么？

答：国家机关的公务员。

问：您的工作年限是？

答：30 年以上。

问：您的平均月收入如何？

答：10000 元。

问：您的学历是？

答：博士。

问：能否介绍一下您每个学历层次的专业和学校所在地？

答：可以。我本科读的是北大的中文专业，硕士是北师大的教育专业，博士是华中师范大学，博士后是吉林大学法学专业。

问：您是哪年参加高考的呢？

答：我是恢复高考后的第一届，77 级。

问：能否透露一下您高考时父母的职业情况？

答：父母都是公务员。

问：那您高考时父母的文化程度是？

答：中学，那时候没有大学本科，中学已经是很高的了。

问：您对高考时的家庭年收入还有印象吗？

答：那时候的年收入跟现在就不可比了，一个月平均下来估计有 300 元吧，年收入就是 3000 ～ 4000 元吧，在那个时候已经挺多的了。

问：那相当于家庭的经济情况是属于上游了吧？

答：中上游吧，那时候没有人做生意，都是拿工资。拿工资的话，我父母加起来 200 元，我和我妹妹加起来 100 元，那时候学徒工的工资才 20 元。

问：但那时候的物价也不是很高吧？

答：对，那时候的水果才几分钱一斤。

问：您祖籍是山西，您又是在北大读的本科，所以在选择大学的时候，是什么因素对您产生了影响？您选择北大的主要原因是什么呢？

答：因为北大好啊，这是肯定的。另外就是因为我们家祖籍是北方的嘛，所以希望还在北方生活。

问：您当时选择北大，有学校的因素，当然您学习成绩也很好，除了这两个因素以外，北京毕竟是首都，这个地区吸引力的因素在您的高等教育选择时占了多大的比重？

答：占了 50%。

问：那家庭经济情况呢？家庭经济情况对于您选择学校有没有什么影响？

答：没有太大影响，因为那个时候我已经工作了，家庭经济情况还可以，供得起我上大学。

问：所以说您在选择大学的时候最大的影响因素就是学校本身的吸引力？

答：对，就是因为北大很好，而且还在北京。我也可以选择当地的大学，但当地的大学不好，没什么可选择的。

问：您念本科的时候，是否产生了家庭流动？就是说家庭的地域流动？

答：本科没有，本科的时候就是我自己流动到北京了，没有家庭流动。

问：好，我们再看一下工作的情况。您在找工作的时候是本、硕、博都毕业以后才找到工作的吗？

答：不是，我是本科以后就找工作了。硕士和博士都是在职学习的。

问：那您的初次工作的职业是什么？

答：初次工作是上大学以前，最早我当过基层公务员，就是当过警察。

问：毕业以后还是继续当公务员吗？

答：是的，就是通过高考，接受高等教育以后，从基层公务员转到了国家公务员。那个时候没有考公务员这么一说，那时候就是大学毕业之后直接分配了。

问：所以您的职业选择是受高等教育的影响、社会的影响、制度的影响？

答：对，那个时候还没毕业，工作单位来北大要人，那时第一届北大毕业生都是最优秀的，各单位都抢着要。所以几乎不受家里经济条件的影响，高等教育本身在其中产生了至关重要的影响。当然，学校和社会都产生了非常重要的影响。我本人所接受的教育是根本性的原因。

问：所以说，您接受高等教育的地点和工作所在地是一致的，都是在北京。

答：对。

问：那您工作以后，是否产生了家庭流动呢？

答：工作以后我在北京找的对象，但是找的是外地人，不是北京人嘛，所以后来她们家庭都流动到北京了。

问：那您初次产生家庭流动是在您工作多久以后发生的呢？

答：是在工作稳定以后。工作稳定就有工资了，有了固定的经济收入。

问：您家庭流动的成员主要都包括哪些呢？

答：流动最大的是我的三个妹妹，我到北京以后，她们在南方读的大学，读完大学以后，她们就受到我的影响分配到北京来工作了。这是 90 年代的事情，那时候从外地分配到北京工作还是比较容易的。现在就很难了，后来我父母退休后也随我们这些子女流动过来。最后就是带动我妻子和她家庭的流动。

问：您觉得您家庭成员的流动与您的职业类型和家庭收入有关系吗？或者说，您觉得职业的质量例如收入水平、社会声望会不会影响家庭流动的意愿？

答：我认为是正相关的，我带动别人流动的力量是与我的职业地位、收入是正相关的。

问：影响家庭流动的因素可能有很多，比方说地区的吸引力、您个人的能力、收入水平，还有就是帮子女带孩子，这也有可能是一种产生流动的因素。我们想知道，您认为高等教育这个因素，在影响您的家庭流动过程中占了多大的比重？

答：因为上了大学我才有可能留在北京，留在北京以后我才有能力影响家人的流动。所以说高等教育的获得是一个基础性、根本性的因素。没有这个基础的话，后面的流动就是不存在的。

访谈记录 5（女性）

问：您的年龄是？

答：我今年 34 岁。

问：您的籍贯是？

答：山东。

问：您目前生活和工作所在地是？

答：北京。

问：您的户口类型？

答：我是非农业户口。

问：您的住房情况？

答：我已经买了房。

问：您有几个兄弟姐妹？

答：我家就我一个孩子，没有兄弟姐妹。

问：您的职业及工作性质？

答：高校教师。

问：您的工作年限？

答：工作 4 年了。

问：您的平均月收入如何？

答：10000 元左右吧。

问：您的学历？

答：博士。

问：能否介绍一下您每个学历层次的专业和学校所在地？

答：好的。我本科是山东大学，在济南，学的是英语；硕士是在天津理工大学，在天津，学的是英语；博士在中国人民大学，在北京，学的是公共管理。

问：您是哪年参加高考的呢？

答：2007年。

问：您参加高考的时候父母的职业是什么？

答：都是银行职员。

问：他们的文化程度呢？

答：爸爸是本科，妈妈是高中毕业。

问：家庭收入水平是什么样的？

答：中上游水平吧。

问：您就读的大学在您的籍贯所在地吗？

答：不在，虽然都是山东，但我是威海人，大学是在济南读的。还是有一定的距离的。

问：您在选择大学的时候哪些因素对您产生了影响？

答：比如说爸妈的职业，我的第一志愿选的就是国际金融，结果我报了一个提前录取专业，在未经我允许的情况下，它就自动把我调成外语专业了。但我在自主选择的时候，家庭对我的影响还是很大的，尤其是父母的工作情况和职业类型，虽然没影响成吧。

问：那个人意愿呢？

答：哦，我没有个人意愿，我学什么都一样，都没所谓的，因为当时是在不了解任何专业的情况下。

问：那上大学以后有没有产生家庭流动呢？比方说陪读。

答：没有，我读书之间没有工作过，是连着读下来的，而且我上学期间一直没有产生任何的家庭流动。

问：那博士毕业以后找工作，哪些因素影响了您的职业选择呢？

答：学校所在地，我找工作就是在学校所在地来找工作。我从人大毕业，所以我就在北京找工作，这是第一个因素。第二个因素就是我的专业对我影响很大，因为我是学教育经济与管理专业的，所以找工作的时候我就想着要符合我的专业要求。

问：那我是否可以这么理解，您的受教育情况、受教育地区、专业对您选择工作的影响，大于您家庭产生的影响？

答：对，家庭基本上就忽略了，几乎没有产生任何影响。一开始接受高等教育的时候是有影响的，但是高等教育这个过程完成之后，家庭对我几乎就没有影响了。

问：那从毕业后到初次工作这个场域变化之间有家庭流动吗？

答：我没有换过工作，这期间没有家庭流动。

问：您的初次家庭流动是在什么时候产生的？

答：家庭流动这件事儿，跟我购房的关系很大。我是一毕业就买了房子的，所以才有了家庭流动，我的爸妈才能经常来北京。当我还是学生住在宿舍的时候，我的爸妈就从来没来过，也没有所谓的家庭流动。所以我觉得家庭流动与购房情况有正相关关系。

问：但这个跟在北京接受高等教育还是很有关系的，因为在北京接受了高等教育，所以才在北京工作，在北京买房，才有了家庭流动。相当于还是在工作比较稳定的情况下，对吗？

答：是的，你总结得非常准确。

问：那您觉得您家庭成员的流动与您的工作性质和收入水平关系密切吗？

答：密切。就是说职业的质量越高，经济收入越高，就越容易引起家庭的流动。

问：您觉得您目前的家庭流动是否完成了？

答：没有完成。

问：那父母流动的频率是怎样的呢？

答：一般半年来一次，一次是一个月到两个月的样子。

问：那流动的目的主要是？

答：就是为了照顾我，照顾我的饮食起居。虽然我并不十分需要他们来，但是他们很愿意来，这是一种家庭团聚的情感需要。我现在还没有生孩子，还有一个很重要的因素就是他们已经退休了，他们需要花一点儿时间在别的地方，要不然老了以后退休在家就没什么事儿。事实上如果他们不退休就没有时间过来，也难以实现这种家庭流动。

问：您认为高等教育在引起您的家庭流动的过程中占到了多大的比重？

答：90% 吧。这个你们可以进行分类，比方说独生子女家庭，单亲家庭，和多子女家庭，他们的流动肯定是不一样的，不一定是受到高等教育的影响，独生子女的家庭父母流动的可能性会更大一点，非独生子女家庭这种流动可能会削弱一点，单亲就会更明显。

访谈记录 6（女性）

问：您的年龄是？

答：30 岁。

问：您的籍贯是？

答：湖北武汉。

问：您目前生活和工作的所在地？

答：都在北京。

问：您的户口所在地是？

答：北京。

问：您的户口类型是？

答：非农业户口。

问：您的住房情况是？

答：租房。

问：您有几个兄弟姐妹？

答：没有。

问：您的职业及工作性质？

答：在读博士生。

问：您有过工作经历吗？

答：有过。

问：您的工作年限是多久？

答：4 年。

问：您的平均月收入如何？

答：在武汉时的平均月收入是 2500 元，在北京工作后平均月收入是 5000 元，现在读博阶段平均收入是 1000 元，主要是国家发的博士生补贴。

问：您现在的学历是硕士，因为还没拿到博士学位？

答：对的。

问：请您介绍一下您的教育背景，您的专业及学校所在地情况？

答：我本科是湖北大学的公共事业管理，硕士是湖北大学的高等教育学，博士是人民大学的教育经济与管理。

问：您是哪年参加高考的？

答：2003年。

问：您高考时父母的职业情况？

答：他们都是普通国企职工。

问：当时父母的受教育水平、文化程度是什么？

答：都是大专。

问：您对高考时家庭的收入情况还有印象吗？

答：中下水平吧。

问：您读大学的地方是籍贯地吗？

答：是籍贯所在地。

问：您选择大学时受到哪些因素的影响呢？

答：一个是高等教育的质量，另一个是离家的远近程度。当时选择就在武汉本地读大学，一个是因为武汉市本身的高校挺多的，高等教育的质量水平还是可以的。当时也考虑去成都，但是考虑到离家的远近情况，就还是在家乡读了，毕竟方便回家嘛，主要是出于这两个方面的考虑。如果去外面能读一个更好的学校当然就去外地了，但两个学校的质量都差不多的话，那还是在家乡了。

问：那您觉得当时选择学校的时候有自己的意愿吗？有自己的一个比较清晰的意愿在里边吗？

答：没有。

问：那高考志愿是怎么报的呢？家里对您的影响比较大吗？

答：我那时候没得可选了，我们是先考试后报志愿，分数已经在那儿了，没办法挑的。

问：那家里父母的工作性质、文化水平、家庭收入对您选大学有影响吗？

答：选学校的时候家里的影响不太大，基本上都是自己决定的。选专业也是被动的，由不得自己选的。

问：所以在您初次接受高等教育的时候产生了家庭流动吗？

答：没有的。只是我自己从郊区流动到城区。

问：从本科到硕士之间有工作吗？

答：有工作过一年。在武汉市城区工作，没有地域流动。

问：那当时的工作性质是？

答：学校的行政人员，是在武汉大学下属的一个三级教育行政单位。

问：那当时为什么想要考研呢？为什么又考了湖北大学的研究生呢？

答：因为大学毕业的时候对自己的职业没有一个清楚的规划，毕业以后就直接工作了。工作的时候就报名考研了，还是想读一个更好的学校的研究生。可是更好的没考上，又被调剂到湖北大学。

问：那您的初次工作时间有多久？

答：不到一年吧。

问：那硕士毕业以后就又工作了，来到北京，对吧？

答：是的。

问：那这样的话就相当于有了第一次真正意义上的流动。能否介绍一下此时流动的原因及想法？

答：硕士毕业后，刚开始找工作时是广撒网，全国各地都投简历，但会集中地投北上广。就觉得北上广的机会多、待遇高，基于这个想法选择的流动。我也来北京面试过一两个企业，但是对企业的待遇各方面不是很满意。后来想既然是学教育的，那在武汉的高校做辅导员这个工作就和我的专业比较匹配，就还是先选择了在武汉就业。在武汉工作了两年，然后又来北京就业。

问：那辞职来北京的原因是？

答：这个基于两方面的原因吧。一是想离开学校，去企业找一些新的机会，换一个工作环境，体验一下不同的工作。主要是个人追求吧，不愿意在一个行业里待得时间太长，想要更多的自我提升，不然学不到东西。第二就是当时的男朋友在北京工作，就想两个人在一块儿工作会好一点儿。

问：您从高校转到企业工作，从武汉流动到北京，您感觉家庭的经济条件、文化背景没有对您的种种选择产生影响？主要是个人的意愿？

答：可能没有那种显性的影响，比方说家人、亲戚、朋友没有给我一些直接的意见或建议之类的，但是不能排除会有一些隐性的影响。但是占主导地位的还是个人，家人没有直接的影响。

问：您初次工作是在武汉，家庭没有产生地域流动。那您到北京工作了两年，现在又学习了一年，您产生了家庭流动吗？

答：还是有的，家人定期地过来看我，从我来北京工作以后就会间断性地过来看我。但他们的工作、主要社会关系都还在武汉，不能长时间地过来跟我们生活在一起。但是会有计划地跟我们生活一段时间，过来照顾我们。不是定期的，就是那种偶尔地，时不时地过来看我们一下。比如说节假日会来北京一下。

问：那来一次会待多久呢？

答：不超过 10 天吧，现在还没有超过 10 天的。

问：也就是说，您产生初次家庭流动的时候是您在北京上班以后？上班后多久呢？有一年吗？

答：对的，在我来北京上班以后，不到一年，我工作后不久就有家人亲戚过来了。

问：所以说不是在您的工作稳定期，他们就只是来看望一下？

答：那个时候不是我的工作稳定期，但当时我男朋友工作已经稳定了。在我工作的第二年，我就结婚了，我刚开始工作的时候他的工作就已经稳定了。

问：您和您丈夫谁影响谁的流动？

答：准确地说，应该是他影响我的流动，因为他一直是处于流动的状态。我过来的时候，他在工作上基本已经处于一个相对稳定的状态了。

问：您认为家庭成员的流动与个人的工作类型、收入水平的关系密切吗？或者是否可以说，您的职业质量越高、收入越高、社会地位越高，家庭的流动意愿就越强烈呢？

答：我认为男性带动女性流动的可能性更大，因为往往男性对工作的想法和意愿比起女性而言更明确也更坚定。包括身边朋友的例子，这种男性带动家庭女性流动的可能性更大。

问：另外，您丈夫的父母有流动吗？

答：有的，就是我们双方的父母都会定期地过来看我们。

问：那你们有把双方父母接过来长期生活的打算吗？就是以后父母定居在北京的打算有吗？

答：定居这个事情，现在来看还不确定。要看以后生活、工作的情况。

问：影响家庭流动有很多种因素，您认为接受高等教育这个因素在影响家庭流动的过程中占了多大的比重？

答：我觉得这个影响的比重是很大的。高校的所在地，一般优质的高等教育都是在大中城市，来学校上学的学生也广泛分布在全国各地，不仅仅是来自大城市。而且从毕业后的情况来看，很多学生也选择在大城市就业，无论是社会地位也好、经济收入也好、个人发展也好，从多方面来考量，他会有一个就业上的选择倾向。所以我觉得接受高等教育对家庭流动的影响肯定是必然的。

访谈记录 7（男性）

问：您的年龄是？

答：我今年 26 岁。

问：您的籍贯是？

答：辽宁沈阳。

问：您目前生活和工作的所在地是？

答：杭州。

问：您的户口所在地是？

答：杭州。

问：您的户口类型是？

答：学校集体户口，非农业。

问：您的住房情况是？

答：我目前租房住。

问：您有几个兄弟姐妹？

答：没有，我家只有我一个孩子。

问：您的职业及工作性质？

答：我现在还没工作，是全日制在读博士生。

问：您有过工作经历吗？

答：没有。

问：您的平均月收入如何？

答：3400 元。

问：您现在的最高学历是？

答：硕士，因为博士还没毕业嘛。

问：请您介绍一下您的教育背景，您的专业及学校所在地情况？

答：我本科是四川大学的高分子专业，硕士是浙江大学的材料工程专业，现在是硕博连读的博士生，尚未有过就业经历。

问：您是哪年参加高考的？

答：2007 年。

问：您高考在选择志愿时，父母的职业情况如何？

答：我父亲在国有企业工作，母亲在国家机关工作。

问：当时父母的受教育水平、文化程度如何？

答：我父亲是博士毕业，母亲是本科毕业。

问：您对高考时家庭的收入情况还有印象吗？

答：家庭年收入的话，那会儿大概 50 万左右，能算上游水平吧。

问：您读大学的地方是籍贯所在地吗？

答：不是。

问：您选择大学时受到哪些因素的影响呢？

答：当时报考的时候主要是根据成绩调剂的。至于在最开始选择的时候还是个人意愿影响更大些，家里人给了参考意见，但是没有起到决定性因素。家里的经济条件、父母的知识水平起到基础作用，但并未产生决定性影响。

问：所以在您初次接受高等教育的时候有家庭流动吗？

答：本科的时候是没有家庭流动的，只是自己从沈阳去了成都，父母也没有去看望。

问：那您硕士和本科就不在一个地方了，为什么？

答：当时是被保送到了浙江大学硕博连读，所以就从成都流动到了杭州。

问：您在接受高等教育的过程中是否产生了家庭流动呢？

答：是有的。因为我是在读博期间结的婚，所以我的核心家庭就是我和我妻子。由于我和妻子是同一年级的，所以本科毕业后我来到浙大继续读书，她就跟随我来杭州工作了，虽然那个时候我们并没有领结婚证，但她流动到杭州主要是因为我。尽管硕士的时候我们在法律意义上不是一个核心家庭，但实际所产生的家庭流动确实是在我读硕士的时候就开始的。

问：这种婚后陪读式的流动还是很需要勇气的，你们需要有非常坚定的情感基础吧？

答：这是必须的！其实我觉得我们俩还是挺幸运的。我们是高中毕业开始谈恋爱的，大学四年我在成都读书，我妻子在北京读书。说实话我们真是受够异地恋了，就想着无论如何以后至少要生活在同一个城市吧，相思真是挺苦的，这段感情能坚持下来太不容易了。

问：所以你们总要有一个人在事业上做出牺牲？

答：在这一点上，我很感谢我的妻子。大学毕业后，我被保送到浙江大学，还是硕博连读，对我来说这是一个非常非常宝贵的机会。我妻子当时在北京读的也是 985 高校，她成绩很好，读的是人力资源管理，在北京可以找到挺好的工作。其实我们当时也有过犹豫和纠结，是牺牲事业还是放弃爱情，是我北上还是她南下。最后，我们都认为能遇到相爱的人不容易，不能就这样放弃，所以最终她愿意来陪我读书，她真的很伟大。

问：那你们双方家长没有反对吗？尤其是女方的家长。

答：这就是我们幸运的地方。由于我们是高中同学，双方家长都认识，而且我俩当时一个是班长，一个是团支书，在学校里都是品学兼优的好学生，所以双方家长对我们的品性、教养都很了解。在我们谈恋爱这个事情上，父母们基本上都还是挺赞成。要说我妻子的父母完全同意她跟我南下也是不可能的，毕竟那会儿我们还没结婚呢，但看到我们两个人对感情都特别坚定，也没有过多的阻挠，觉得只要我俩能幸福就行，还是挺尊重我们的。但我们出发去浙大前，在家里还是举行了一个订婚仪式。

问：由于您尚未就业，因此不涉及工作地点与就读学校是否一致的问题。

答：对的，但我预计未来不会在杭州工作，换句话说，我估计未来的工作地点与就读学校所在地不一致。最主要的原因就是因为我是北方人，南方的生活环境、文化差异和人际关系、交往方式对我来讲还是不太适应，尽管我在南方已经待了很多年，但我还是想到北京或北方的城市工作。

问：所以说，您的初次家庭流动是在接受高等教育时产生的，那您认为如果您以后工作了，您家庭成员的流动与您的职业类型性质、经济收入水平关系密切吗？换句话说，是否职业质量越高，家庭流动的意愿越强烈？

答：对的，是在接受高等教育时产生的。我估计家庭成员的流动和我未来职业的类型和经济收入水平的关系还是比较密切的。

问：那么，您的家庭流动是否完成？流动过程中，具体是哪些成员跟随您流动的？流动的步骤是怎样的？

答：我觉得应该还没完成。现在我的妻子已经参与到家庭流动过程当中，后续流动会与我个人的职业发展情况、父母身体情况及下一代抚养情况等有关，但这都是两三年以后的事情了，因为我还得有两三年毕业。

问：您认为影响您家庭流动的主要因素有哪些？高等教育在其中占了多大的比重？

答：对我来说，我认为接受高等教育在其中占了很大的比重，几乎占了90%。正是因为我在杭州上学，妻子才会陪我到杭州来，我读博，她工作。至于其他因素，我觉得如果一个地方的就业环境很好，生活环境也很好，并且相比于原来的居住地更好，才有可能会引起家庭流动。

访谈记录 8（女性）

问：您的年龄是？

答：我今年 23 岁。

问：您的籍贯是？

答：我来自甘肃。

问：您现在的生活和工作所在地是？

答：都在北京。

问：您的户口类型是？

答：非农业户口。

问：您现在的住房情况如何？

答：我目前租房子住，就在东三环边上。

问：您有几个兄弟姐妹？

答：没有，我是独生子女。

问：您的职业是什么？

答：我现在是在外企工作。

问：您的工作年限是？

答：我现在工作还不到一年，因为我是刚毕业的。

问：您的平均月收入如何？

答：你指税前还是税后？

问：税前多少？

答：税前 4500 元，税后 4000 元左右吧。毕竟刚刚毕业，还在试用期中，希望以后能多涨点儿。

问：您的学历是？

答：我学历水平就是大学本科。

问：您接受的高等教育类型是？

答：我是在北京读的一个二本。

问：您是哪一年参加高考的？

答：我是 2010 年参加高考的。

问：在您高考选择志愿时，父母的职业情况如何？

答：他们都在企业工作。

问：当时父母的受教育水平、文化程度如何？

答：我爸是本科，我妈是高中。哦，不对，我爸应该是研究生。

问：您对高考时家庭的收入情况还有印象吗？

答：具体数字我记不清了，总体上看就是中上水平吧。

问：那您所读的大学就不在您所在的籍贯所在地了？

答：对的。

问：您当初为什么要选择北京来读书呢？

答：不是非要选择北京，而是想要离开原来的地方。

问：那您为什么不去上海、广州那些大城市呢？

答：因为当初选的学校没有适合上海的啊，而且我本人不是很喜欢上海。

问：什么叫做选的学校不适合上海？

答：就是因为文科的学校特别特别的少。

问：那您来北京跟北京的地区吸引力有关系吗？例如说会不会是因为北京比较发达，或是其他什么原因？

答：地区吸引力肯定是有一些影响的。但我来北京主要是因为，在我爸给我的候选城市当中，其他城市我都不愿意去，所以就选北京了。

问：也就是说，您父亲大致给了你 4 个选项，北京对您的吸引力更强？

答：对。因为我原来是在宁夏嘛，我爸他其实很希望我在宁夏周围读书，比如说陕西啊、甘肃啊这些地方。北京好学校也比较多、离家距离也远，其实我就是希望离他们越远越好，这样才能培养自己独立自主。

问：请问您接受高等教育的原因是什么？比如说个人理想、父母意愿、家庭或家族期许、社会环境要求，等等。

答：我觉得最重要的应该就是个人理想吧，第二个是社会环境要求，第三个的话就是父母意愿吧。

问：好的。那您在接受高等教育的过程中，是否产生了家庭流动呢？就是说您在上大学的时候父母是否有跟随你流动过来吗？

答：我妈妈在我读大二的时候就过来了。

问：那大概待了多久呢？

答：嗯，让我想想啊。一开始大概是半个月，后来又过来陪我待了将近四个月。

问：这将近四个月都是您读大二的时候吗？

答：嗯，是我大二结束的时候，就是从6月份一直到9月中下旬。

问：那之后还有过家庭流动吗？

答：在那之后的话，直到大学毕业前父母就再没有流动过了。最近在工作期间，我妈妈又流动了一次。

问：您高考时选择读这个专业的原因是什么？跟高考分数有关系吗？

答：不，跟分数没有太大关系。就是当时在排除掉城市的因素之后，在这个学校给我提供的专业当中，就只有这一个专业让我感兴趣。

问：您在找工作时，哪些因素影响了你的职业选择？您的受教育情况和家庭条件哪个占主导地位？

答：嗯，我这个专业的就业面非常窄，基本上没有单位会愿意要我这个专业的学生，受教育情况对我找工作的影响超级小。不过我运气比较好，我们班主任对我特别好，给我推荐了工作。所以说，我的职业选择主要是老师的缘故，跟这个专业无关。

问：请您对毕业后选择初次工作地点时所受到的各方面因素的影响程度进行打分。

答：就业机会的话影响还是挺强的，我想应该是5分；竞争压力的话，影响力适中，就3分吧；生活环境嘛，其实我也不知道是多少，因为我找工作的时候根本就没有考虑这个，就 1 分吧；人际关系的影响还比较强，应该是 4 分吧；家庭归属感的影响其实是 5 分啦。其实我当初毕业的时候非常想回家，但是为了争一口气吧，所以就留下来了。发展前途的影响是 5 分啦。为下一代考虑的影响力最弱，1 分吧。

问：那您为什么还会在北京，您刚刚算回答了吗？只是为了争一口气？

答：对。

问：好的，那接下来就轮到您讲了，刚刚不是讲到您父母来北京吗？他们为什么来？

答：因为他们很想我啊，然后我又回不去。

问：不是因为生病吗？这个算吗？

答：不能算，因为那个时候已经好了。

问：也就是说，您的情况是在您接受高等教育的过程中，您的家庭产生流动是您生病的缘故。在您完成高等教育后，您的家庭流动就是因为父母想你了。

答：对，就是因为想我了。

问：大概待了多久？

答：我妈是从 8 月中旬一直待到 10 月中旬。

问：那您父亲呢？

答：我爸就待了一个礼拜。

问：那您和您母亲住在一起吗？

答：对，我跟我妈住在一起。

问：那您以后会辞职回家找工作吗？

答：不是以后，我觉得最近应该就会了。

问：还有最后一个问题，您觉得高等教育在您这两次家庭流动中的影响如何，您是怎么认为的？

答：你看我这两次家庭流动吧，第一次是因为我念大二的时候在学校突然生病了。我一个人在北京，身边没有亲人照顾，父母挺担心的，没办法，只能我妈先流动到北京来看护我，一开始是半个月，后来又过来陪我待了将近四个月。第二次家庭流动，是在我毕业工作以后。工作后不像学生似的还有寒暑假，我很久都没有回家了。因为爸妈实在是太想我了，现在交通也方便，他们就过来看我了，顺便也来照顾一下我的生活。说白了就是他们很想我，但我又回不去，就只能让他们过来了。如果我不在北京接受高等教育，就在老家待着，他们也不会流动过来，所以说高等教育对我的两次家庭流动还是影响挺大的。

问：那让您给高等教育对家庭流动的影响打个分，1~5 分，您会打几分？

答：应该是 4 分吧。如果 5 分的话，感觉有点牵强。

访谈记录 9（男性）

问：您的年龄是？

答：我刚满 21 岁。

问：您的籍贯是？

答：江苏盐城。

问：也就是说您高考时生源地就是江苏？

答：对，就是在江苏考的。

问：那您肯定很厉害，江苏高考很难的啊。

答：也还行吧，你在那儿读三年就知道，其实都差不多。

问：好的，您现在工作学习的所在地是？

答：就是在北京。

问：那您的户口类型呢？

答：城市户口，非农业户口。

问：好的。那您的住房情况呢？您是住在学校里面还是住在学校外面？

答：我就住在学校里面。

问：您有兄弟姐妹吗？

答：没有，我是独生子女。

问：好的，那您现在的学历就是本科？

答：是的。

问：请介绍一下您接受高等教育的类型及获得该学历的学校所在地。

问：好的。我是在北京邮电大学读的本科，是一本，学的是通信工程专业。

问：那您是哪一年参加的高考？

答：2012 年。

问：您参加高考的时候，父母的职业和工作性质是怎样的？

答：我爸爸是在国企工作，应该算是专业技术人员；妈妈是在私企工作，算是服务性工作人员吧。

问：那您父母的文化程度呢？

答：爸爸是大专，妈妈是高中。

问：您对高考时家庭的收入情况还有印象吗？

答：我家的经济条件就一直是中等水平吧。

问：您当初为什么会选择来北京上大学呀？

答：我当初就是觉得，北京这个城市很好啊，它毕竟是首都嘛。另外，北京离我家比较远，离家比较近的大城市我都去过了，所以就想选择一个比较远的城市去读书。好奇也新鲜嘛。

问：那么对于您接受高等教育的原因，如果按照重要性排序，您会怎么选择？

答：要排名的是吗？

问：是的，要按照重要性排出来。

答：那应该是，个人理想第一重要，社会环境第二吧，然后家庭或家族期许是第三吧。

问：如果我这么问，您就读学校的所在地与籍贯所在地不一致的原因是什么？

答：追求更好、更优质的高等教育，追求独立、自由的学习和生活空间，地域偏好。

问：地域偏好，是北京的地区吸引力吗？

答：是的，北京毕竟是我们的首都，又是一线的大城市，我从来没在北京生活过，所以想来这里看看。

问：好的，基本情况就到这里了。现在请您介绍一下您的家庭是如何流动到北京的。

答：就是我的父亲一起流动过来了。当时是我先过来读书的，大概一个学期吧，父亲的公司就刚好有一个到北京来工作的机会。他怕我在这儿没人照顾，就申请调到这里来工作了。

问：调到这里来工作，也就是说，您父亲也住在这里了？那您二位是在北京租房住，还是在这里买了房子呢？

答：我平时就住在学校宿舍，到周末没事儿的话就去我爸那儿，跟他住两天，然后再回学校。我爸现在在北京住的是公司分配的房子，离我们学校还蛮远的，在丰台区那儿，每次周五回去都要花上一段时间。所以有时候就不过去了，来回跑还蛮麻烦的。而且我当初来北京就是为了离他们远一点啊，结果我爸还是跟过来了。

问：也就是说，其实您不是特别情愿他过来？

答：有点儿不情愿，毕竟想一个人在北京。但其实想想也差不多，毕竟就算他在北京我们也不会住在一起，也不是天天看到，其实也还好。但是想着爸爸在北京，还是有点儿好处的吧。虽然我现在还没有感受到。

问：毕竟还是有点依靠吧！那您母亲有考虑要搬过来吗？

答：嗯，我妈暂时还没有这个考虑。

问：为什么呢？

答：一个因为是她要是来了的话她就得重新找工作了啊，所以她不太愿意嘛。而且我现在在这儿，也不一定以后就会在这儿。这得看吧，如果我以后在这儿工作，说不定她就会过来，然后再在这边找个工作。

问：那您现在有打算在哪儿找工作吗？

答：这个，现在还没有考虑找工作的事情呢，现在在考虑是考研究生，还是出国读研究生。

问：好的。那您认为您接受高等教育对于您产生的家庭流动影响大吗？是不是可以说高等教育在您的这次家庭流动中影响程度很深？

答：应该可以吧，毕竟也就只有我上了大学，我爸才会来北京吧。如果我没有上大学的话，我爸应该就不会来北京了。

问：那让您给高等教育对家庭流动的影响打分，1～5分，您会打多少分？

答：我感觉应该是3分吧。感觉我上大学是对爸妈产生了一些影响，但是要说全部，应该还不至于。

访谈记录 10（男性）

问：你的年龄是？

答：我现在27岁，1988年出生的。

问：你的籍贯是？

答：我老家在贵州，高考也是在贵州考的。

问：我刚刚看你在填户口性质的时候比较纠结，你户口性质是农业户口吗？

答：原来是农业户口。后来上大学以后，就把户口迁到学校了，就转成非农业户口了。

问：你是自愿迁户吗？为什么？

答：当然是自愿迁的。我记得我们班当时有一大部分人都把户口迁到了学校，我也迁了。最主要的是我之前是农业户口，总觉得自己是乡下娃儿，不是城里人，有这个机会当然要迁了。而且考上南京大学对我来说，是一种身份的转变，我不再是农民，而是国家干部了！

问：你目前的生活和工作所在地是？

答：就在北京。

问：你家里有几个兄弟姐妹呢？

答：我还有一个弟弟，他今年刚满18岁，比我小9岁。

问：你现在的住房情况如何？

答：我现在租房生活。

问：你的工作年限是？

答：我已经工作5年了。

问：你的本科是在哪里读的呢？可以介绍一下你接受高等教育的情况吗？

答：我在南京大学念的本科，学的是金融专业。

问：你的平均月收入方便透露吗？

答：大概就10000元多一点儿吧。

问：你目前工作单位的性质和主要职业是？

答：我现在是在外企工作，工作性质属于商业工作人员吧。

问：好的。请问你是哪年参加高考的呢？

答：我是2006年参加高考的。

问：那你当时为什么会选择去南京大学读书呢？

问：第一嘛，那个时候想着上大学，就想去一个离家比较远的地方，在家门口上大学太近了，没啥意思，就想去看看外面的世界。第二是南大嘛，学校也好，当初我的高考分数也够了。而且感觉南京那边文化氛围比较强。我本来是想学历史的，当时听说南大那边历史专业蛮好的，结果后来变成金融了。

问：那为什么变成金融了呢？

答：后来跟家里人商量了一下，觉得历史专业学出来也不知道干什么，感觉不是特别的赚钱。而且金融嘛，一直都很热，感觉毕业后比较好找工作，所以就选择了金融专业。

问：那你为什么不选择在贵州读大学呢？是因为贵州没有好学校吗？还是有别的原因？

答：也许这也是其中一个原因吧。最主要的原因还是之前说的那个，想去外面看看。说真的，除了贵州大学好一点之外，其他的大学跟外面的学校没法比啊，大概也因为西南比较偏僻吧。

问：也就是说，你当初选择南京这个城市，是因为南京离贵州比较远，而且有历史氛围。

答：对，我喜欢古老一点儿的，保留着一点儿传统文化的城市。

问：也就是说，南京作为一个城市，在你选择大学的时候是有一定地区吸引力的？

答：对。

问：好的，你提到你选择学金融专业，是因为觉得毕业后好找工作。那么你第一次找工作的时候，工作和专业应该是对口的吧？

答：其实也没有，那会儿是不一样的。但我的工作跟这个专业相差也不是很大啦，还是有一些共性的。

问：那你第一次就业是在哪儿？第一次就业就来北京了吗？

答：不是，我是先在南京那边工作了两年，我毕业之后留下来工作了两年。后来感觉在南京那边发展还是有点儿障碍，然后就想去更大一点儿的城市，比如北上广这些一线城市，后来就选择了北京。

问：为什么后来就选择了北京，而不是上海呢？

答：嗯，因为上海虽然是金融中心，但是北京是政治中心，还是文化中心。

问：你的意思就是北京这个城市在你换工作的时候，对你的吸引力更大一点儿？

答：对的，我就是喜欢这种文化底蕴比较深厚的地方。

问：好的。你在毕业后做初次职业选择时受到哪些因素的影响呢？

答：我觉得吧，个人性格跟工作关系是很密切的。比如说，我现在在外资企业上班，你看外资企业，用市面上的话说就是压迫劳动力，但从另外一个方面来讲，外资企业是凭个人能力来吃饭的，不像现在的某些公务员，就是照搬照抄以前的东西。外资企业更看重一个人的努力和创新。

问：也就是说，你当初选外资企业就是想锻炼一下自己的能力。

答：可以这么说吧。

问：我看到你在"在毕业后初次选择工作地点时所受到的各方面因素的影响程度打分"中，你对家庭归属感打了 5 分，也就是最强的。你为什么不考虑回去呢？就是第一次找工作的时候。

答：因为跟我的专业有关嘛。我是学金融专业的，但在西南那边经济也不发达啊，找工作就没有这么好找啦，就可能不对口了。

问：你有女朋友了吗？我看你在"为下一代考虑"这一项中选了 2，算比较弱的。

答：还没有。因为现在还处于工作的起步阶段，就觉得现在还稍微早了一点。就这个年龄，再工作个三五年再找女朋友也没事。

问：那现在就得问一下关于你家庭流动情况的问题了。你弟弟是跟你一起迁过来的？

答：嗯，对。我到北京两年左右吧，我弟弟也要高考。然后他也是那种想往外走的，就是想出来看看，想出来见见世面，现在年轻人都这样，想往外面跑。后来我就跟我弟弟说，那你想来就来吧，离我近一点儿，也可以互相有个照应。

问：那你弟弟现在是在哪儿上学？

答：首经贸（注：首都经济贸易大学）。

问：也是学金融的？

答：这个，不是啦。稍微边上一点儿，学会计去了。

问：也就是说，你的家庭成员现在来北京的就只有你弟弟一个人？

答：对。

问：那你爸妈有考虑过来北京吗？

答：目前还没有这种打算。但他们说如果我以后真的在这边长期发展，在这边谈朋友、结婚之类的，他们还是会过来的。

问：就是还是要看以后怎么规划的？

答：对，就是看我以后怎么发展吧，还有我弟弟以后的发展情况吧。

问：就是说如果你和你弟弟在这边发展得好的话，你父母也是会一起跟过来？

答：对啊对啊！因为这样的话，那肯定是全家人在一起比较好啊。

问：你觉得在北京的生活压力大吗？会让你产生回老家工作生活的想法吗？

答：我在这里工作两三年了，也已经习惯了。你要说压力吧，刚开始肯定会有的。但是现在，我工资虽然不算很高，但是也不算过得很差，在工作压力这方面还行吧，可以承受住的。

问：那对于生活成本方面呢？你的压力大吗？

答：当然很大，在北京，你看现在买房、买车这类的生活压力还是挺大的！

问：即使是压力很大也不想回老家吗？

答：嗯，不想回去。我现在挺习惯北京的生活了，在北京生活还是比在老家生活好得多。

问：你说的好是指什么？

答：就是生活质量啊。在北京生活真是挺方便的，比如说在我们老家晚上9点以后路上就没什么人、没什么车了，但那个点儿在北京还是很热闹的。而且几乎所有的优质资源都在北京，好学校、好医院、好工作、好的娱乐设施，这个城市很有朝气和活力！

问：最后问你一个问题，你对于个体高等教育获得对家庭流动的影响有什么看法吗？

答：你能给我简单地解释一下什么叫做高等教育的溢出效应吗？

问：没问题。通常来说，高等教育有三个功能，一个是传授知识；一个是发展知识，就是创新知识；还有一个就是社会服务。换个说法就是教学，科研和社会服务。那么这个溢出效应呢，就是指高等教育的外部性。我们这个课题就是注重研究高等教育对除受教育个体之外，对他的家庭流动会产生什么影响。

答：我觉得这个肯定会有一定程度的影响。首先，个体接受了高等教育，这会全方位地培养人的思维，提升思想和意识水平，不再像初中生、高中生那样，视野不够开阔，思路比较狭窄。而且接受了高等教育的人，他不仅有更多的现代意识，还会更加注重中国的传统文化。中国的传统文化中孝道是一个重要内容，这就跟家庭有关了。我觉得接受高等教育最主要的影响就是这样的，会对家庭产生积极的影响，会让家庭凝聚起来，父慈子孝，会让家庭更加和睦，社会更加美好。

问：也就是说，一个人接受高等教育，就会对一个人的文化价值观产生一定的影响，通过文化价值观产生的影响对家庭流动产生影响，使家庭凝聚在一起。当然个人受到高等教育找到一个好工作还是一个前提。

答：对，经济才是一切家庭流动的基础啊！

访谈记录 11（男性）

问：你的年龄是？

答：27 岁。

问：你的籍贯是？

答：我老家在山东济南。

问：你的户口性质是？

答：我本来是农业户口的，读大学的时候户口转到北京来了，转成非农业户口了，现在是单位给解决户口的。

问：你现在的住房情况如何？

答：我现在还没买房，不过我们单位有集体宿舍，所以我目前就住在集体宿舍里。

问：那你们的集体宿舍几个人一间呢？

答：两人一间。

问：请问你有兄弟姐妹吗？

答：有的，我家里还有一个弟弟。

问：请介绍一下你的工作和学习经历吧。

答：我已经工作 4 年了，是 2011 年大学本科毕业后开始参加工作的。

问：你是哪年参加高考的？读的是哪所大学？

答：我是 2007 年在山东高考的，考到了首都师范大学。

问：你当初为什么会选择来北京读书呢？

答：一个是有计划在这边工作，之前也有想过来一个大城市，因为家是农村的吧，所以就是考虑到一个学习环境和生活环境的问题。其实当时也没有考虑太多，考虑以后会不会留在这儿，但是就在想不要离家太近。因为想让自己独立一点儿，想让自己接触更多的人，接触更多的事情。毕竟农村比较闭塞嘛，想要走出来。然后就选择了北京，可能是因为它是我们国家的心脏嘛，是政治中心和文化中心。

问：那除了这个还有别的原因吗？

答：自己的学习成绩还凑合事儿吧，然后就考一下，不能放弃了，对不对？至于选择北京的其他原因，更多的就是地区吸引力吧！毕竟北京是首都，我以前从来都没有出去过，第一个想去的地方肯定就是北京。既然想出去读书，那肯定就想去北京待上几年，而且家里人也都希望说，能上好的地方就去好的地方，之前就想过要是考不上就去我们市里，或是别的市里，济南什么的找个工作，既然分数能够去成北京的学校，那肯定是最好的。所以在选择学校的时候，尽量都在北京的学校里面选择。

问：那为什么会选择首都师范大学呢？

答：当时也是考的分数比较尴尬，好的学校报不了，差的学校吧又不甘心去。然后北京的学校，你也知道，分数都比较高，所以当时就想着报一个比较保险的学校，其实最后我的分数也挺保险的，但也只能这样报了。选择首师大吧，也没多想，就是当时对师范类的学校比较感兴趣，可能从小对老师这个职业比较感兴趣，但最后没有选择师范类，而选择了行政管理，是因为……可能是班干部的原因，想着以后会从事管理行业，但是现在毕业了，就业后的工作方向与管理有一点点关系吧，但也没有什么太多的牵扯。当时就想着，学个管理出来应该能够比学师范出来找到个更好的工作吧。当时选专业的时候就是这样想的，父母、家里人也都不怎么了解大学里面的专业，觉得管理专业可能会比较好一点儿，因此就选了这个专业。

问：那在你毕业后，学管理学有没有给你带来一些工作上的优势或者说便利呢？

答：也有，给工作也有一些帮助。比如说，因为我毕竟是在一个公务机关嘛，算是国家公务员吧，肯定会和形形色色的人打交道，这个学管理的学生可能多多少少会学到一些职场啊、交流啊之类的知识，或者是上下级关系这种。然后在我们单位也是有领导，也有我们招来的合同员工，可能更多的时候我们也要学会去管理他们。在这些方面，个人感觉你在职场上不管学什么，与人交际的能力非常重要，这一点在大学期间我可能是得到了充分的锻炼，也是这个专业帮助到我的重要一点，在工作岗位上让我更快地适应这个工作环境。但是要说专业的技能就还是欠缺了一点儿，管理这个专业比较空泛，本科学的内容也都是大面儿上的，所以并没有像理工科、电子类或语言类专业那样学到什么特别专业的技能。

问：你大学毕业后第一次找工作就选择留在了北京，当时是怎么考虑的？是否有想过回济南老家或是其他城市呢？

答：曾经也有回去的打算。但是最后参加了公务员的考试，考到了北京还是挺惊讶的，也挺惊喜的，所以当时就带着这种惊喜和惊讶留在了北京。因为当时想离开北京就是因为怕自己在北京找不到工作，留不下，或者更多的是落不下户口。既然现在有这个机会，那就想自己拼一回。用我的老师说的一句话，就是你在家里没有多少资源的时候，还不如在北京拼一下，以后多少还能获得一些资源呢！

问：我们发现，你在毕业后初次选择工作区域时很看重"为下一代考虑"的影响因素啊？

答：是这样想的啊！因为大家现在也都知道，北京户口现在限制得比较厉害，所以想拿到户口留在北京，可能更多的时候，是想让自己的下一代不要再生活在像山东那样高考压力那么大的地方。因为山东嘛，各个方面的压力其实都比北京大，一个是它的经济发展水平不是特别的好；另外一个就是说人口也比较多，所以在各种资源上都存在很激烈的竞争。还有一个原因就是在山东，学生们只是为了高考而学习，不是为了学习而去学习，我都经历过这些了。而在北京，身边好多同学都说他们会很多东西，就比如说钢琴啊、舞蹈啊。但是我在家里就很少接触过这种教育，所以就想着以后能够为自己的孩子创造更好的环境，所以在这方面我还是想了很多。

问：请问你是在何时产生的初次家庭流动？

答：是在我参加工作以后，大概是第二、第三年的样子，工作基本上稳定下来了。最早流动的家庭成员是我弟，他正好大学毕业嘛，也牵扯到了就业的问题，毕竟我在这里（北京），他想着来北京找工作的话可以离我近一点儿，感觉以后可以彼此照应一下，到时候父母过来看我们，我们在北京照顾父母都比较方便吧。所以我弟和他对象就过来了，要不然我在北京，他在家，或是他在更远的地方，父母也不方便去看我们两个。当时就是考虑了这些原因，所以就让我弟也来这边工作了。

问：也就是说你爸妈以后也会过来了？

答：应该会的。让我弟来北京工作就是有这种想法，我弟流动过来是第一步，最终目的还是让爸妈以后也来北京跟我们一起生活。因为我们肯定是要长期在北京生活的，回老家最多就是过年过节期间看看亲戚朋友，父母要是搬过来的话，我们兄弟俩以后照顾他们就更方便了，家庭也就团聚了。

问：那你觉得职业质量，就是说你工作的性质或是收入之类的，会对家庭的流动产生影响吗？或是产生多大的影响？

答：肯定会产生很大影响的。如果我就只是随便找了一个工作，一个刚好能够养活自己的工作，怎么可能把家里人都接过来呢？毕竟收入还是主要的问题，这也是现在大多数在北京工作的人的想法吧。在北京赚的工资不够多的话，再接一个人过来，生活压力肯定就会更大了，那还不如回去呢，或是自己一个人在这边闯，怎么会再让家里人过来受罪呢！所以职业的性质、职业的收入这些因素，我觉得会对家庭流动产生很大的影响。当然是一个人的工作越稳定，收入越多，家庭流动越容易啊。

问：好的，那你觉得你接受高等教育的经历对你家庭流动的影响大吗？

答：我觉得这个影响还是很大的。因为如果我不读大学的话，就只是随便找一个工作，在那边短期地务工或者说打工，然后打了几年工，可能再换一个地方，再打两年工可能就回家了，回家了就再去找个工作，谋个生路，或是去做生意啊，或是务农也有可能。但是读了大学之后，在这个城市待上四五年，就产生了一种在这个城市扎根的想法，其实更多时候这种想法会非常地强烈。我现在就想着能一直在北京生活，在北京留下来，虽然不知道日后会不会有改变，但是目前这种想法还是很强烈的。所以我觉得一个人的受教育程度会决定，或者说至少会有 80% 的可能对家庭的流动和稳定产生影响。

访谈记录 12（男性）

问：您的年龄是？

答：39 岁。

问：您的籍贯是？

答：我家在内蒙古包头。

问：您的户口性质是？

答：我之前是农村的，考上大学后转为非农业户口。

问：您高考时父母的职业是？

答：我父母都是农民。

问：您参加高考时家庭经济状况如何？

答：家庭经济状况一般吧。

问：您在接受高等教育的过程中在哪些学校学习过呢？

答：我在山西念的本科，初次工作也在山西，后来在北京念的博士，博士毕业后在上海工作。

问：您高考录取的学校、地域和专业分别是？

答：我高考那会儿英语专业比较火，当时受班主任的影响较大，所以选择了英语专业，没太考虑地域和学校，就是想学英语，考虑得也不够成熟。

问：您毕业之后的职业选择是出于什么因素考虑的呢？

答：毕业之后想考研，同时也要考虑成家立业、解决后顾之忧的问题，最后还是选择了当老师，去的是一所职业院校。当时在宁波、杭州我也有工作机会，因为是在山西读了四年书，所以对太原比较熟悉，就留在太原工作了。后来就结婚、分房了，也算是有了各种牵绊吧，生活就越来越实际了。

问：您的研究生在哪里读的？

答：还是山西，在职读的，也是当时考虑实际情况比较多。

问：那您后来读博士为何来北京呢？

答：我觉得有三个原因吧。第一是我很喜欢当老师，想扎扎实实地做些学问，就觉得读博要走出来；第二是北京的机会多、好学校多、可选择的好导师也比较多；第三是我弟弟本科是在人大读的，我们兄弟在一起念书，可以互相帮助吧。

问：您博士毕业后的职业选择受到了哪些因素的影响呢？

答：我博士毕业后选择来上海工作是因为：首先，上海的机会多，做教育研究要到开放的地方去；其次，上海是可以积分落户的，相比北京更容易些。因为想要留在北京，没有三方合同是不能落户的，这个就很难。还有考虑到孩子的教育和未来发展的问题。

问：您家庭流动或者说家庭迁移的原因是？

答：我爱人和孩子也是因为我选择在上海工作就一起搬了过来，因为夫妻一直两地分居也不是个事儿，而且我不想让自己的孩子成长在没有爸爸的环境下。我不断地学习，换更好的工作，就是为了我的家庭能够在更好的环境中团聚，我能够为孩子创造更好的生活条件，陪伴在孩子的身边。

问：您认为高等教育对家庭流动的影响大吗？

答：我觉得这个影响特别大。我接受高等教育一方面改变了我自己的命运，另一方面也改变了我家人的生活方式。我读博后到上海工作，把我爱人也带过来了，对下一代的教育和生活环境也有很重要的影响。

访谈记录 13（女性）

问：您的年龄是？

答：33 岁。

问：您的籍贯是？

答：湖南。

问：您目前的生活和工作所在地是？

答：深圳。

问：您的户口类型是？

答：城市户口。

问：您的住房情况如何？

答：我自己买房。

问：您有几个兄弟姐妹？

答：我是独生女。

问：您的职业及工作性质是？

答：教师。

问：您的工作年限是？

答：11年。

问：您的平均月收入是？

答：10000元以内。

问：您的学历是？

答：大学本科。

问：您所接受的高等教育类型及获得该学历的学校所在地是？

答：在湖南省常德市。

问：您是哪年参加的高考？

答：2000年。

问：高考时您父母的职业、文化程度、家庭年收入（家庭经济状况）是怎样的？

答：父母都是工人，文化程度是高中，家庭收入一般吧。

问：您就读的大学在您的籍贯地吗？

答：是的。

问：您在选择大学时哪些因素对您产生了影响（如个人理想、家庭经济水平、学习成绩、地区吸引等），其中最重要的影响因素是什么？

答：是我父亲给我做的选择，算是家庭意愿吧。

问：个人意愿和家庭情况哪个对您在选择大学时的影响更大？

答：都差不多，不冲突。

问：在您接受高等教育的过程中，是否产生了家庭流动？例如陪读。

答：没有。

问：您在接受高等教育的过程中在哪些学校学习过哪些专业？

答：我读的是数学与应用数学专业，在湖南一所不太有名的学校。

问：您认为您在找工作的时候，哪些因素影响了您的职业选择？

答：所学的专业是个重要的因素，还有就是兴趣爱好吧。

问：在职业选择的过程中，您的受教育情况和家庭条件哪个占主导地位？

答：受教育情况的影响更多一些。

问：您的工作地点和接受高等教育的地点是否一致？为什么？

答：前三年一致，之后来了深圳。

问：最主要的影响因素是什么？

答：因为在湖南当时在搞课改（课程改革），专业课程减少了，但我依然想从事数学教学工作，所以选择来深圳，这边机会比较多，是个人理想吧。

问：您从上学地到初次工作地的过程中，是否产生了家庭流动？

答：没有产生家庭流动。

问：您的初次家庭流动是在何时产生的？是接受高等教育时、毕业后、还是工作稳定后？是在毕业多久后产生的家庭流动？

答：我的初次家庭流动是在 2012 年前后吧，是在工作稳定了之后，大概毕业 9 年左右吧。

问：这些家庭成员的流动与您的职业类型、收入水平关系密切吗？

答：我觉得有一定的关系，如果我收入不稳定的话，那么我就没有这个能力让他们跟我一起生活。

问：是否您的职业质量越高，家庭流动的意愿越强烈？

答：也不一定吧，这跟我的工作年限和工作状况有关，而且我是因为有了孩子，需要我爸妈过来帮着照顾，他们才流动过来的。

问：您的家庭流动是否已经完成？

答：可以算是完成了。

问：流动过程中，具体是哪些成员跟随您流动？在什么情况下流动的？流动的步骤是怎样的？

答：我父亲母亲都过来了。

问：您觉得影响您家庭流动的主要因素有哪些？

答：一个是工作的稳定性，另外一个就是经济收入。

问：您认为，接受高等教育在您的家庭流动中占了多大的比重？

答：占 40% 吧，因为在深圳这种流动人口密集的城市，没有接受过高等教育的在这边也可以生存，但生活的质量和生存的情况是不一样的。

访谈记录 14（女性）

问：您的年龄是？

答：今年 47 岁。

问：您的籍贯是？

答：湖南。

问：您目前的生活和工作所在地是？

答：在深圳。

问：您的户口类型是？

答：非农业户口。

问：您的住房情况是？

答：我已经买房了。

问：您有几个兄弟姐妹？

答：5 个。

问：您的职业和工作性质是？

答：我是一名教师。

问：您的工作年限是？

答：工作 23 年了。

问：您的平均月收入是？

答：6000 元左右。

问：您的学历是？

答：本科。

问：您所接受的高等教育类型及获得该学历的学校所在地是？

答：在湖南。

问：您是哪年参加高考的？

答：1989 年。

问：您高考时您父母的职业、文化程度、家庭年收入（家庭经济状况）是怎样的？

答：我母亲去世得早，我父亲是高中学历，家里经济状况一般吧。

问：您就读的大学在您的籍贯地吗？

答：是的。

问：您在选择大学时哪些因素对您起到影响（如个人理想、家庭经济水平、学习成绩、地区吸引等），其中最重要的影响因素是什么？

答：经济方面的影响更大，我当时选择的是师范类的大学，因为上师范类的大学不用自己交钱。

问：个人意愿和家庭情况哪个因素对您在选择大学时的影响更大？

答：家庭情况影响更大，希望尽可能地节约家里经济开支。

问：您接受高等教育的过程中，是否产生了家庭流动？例如陪读。

答：没有。

问：在您在接受高等教育的过程中在哪些学校学习过哪些专业？

答：中文专业。

问：您认为在找工作的时候，哪些因素影响了您的职业选择？

答：我们毕业是国家分配的，后来找工作应该来说是根据以前的工作经验，找别的行业也不熟悉，要重新开始。

问：您的受教育情况和家庭条件哪个占主导地位？

答：家庭条件占主导。

问：您的工作地点和接受高等教育的地点是否一致？为什么？

答：第一份工作是一致的，是分配的，后来去的海南，现在在深圳。

问：最主要的影响因素是什么？

答：为了更好地发展。

问：您从上学地到初次工作地的过程中，是否产生了家庭流动？

答：从湖南到了海南，2001 年去的海南，和我的丈夫和孩子一起过去的。

问：您的初次家庭流动是在何时产生的？接受高等教育时、毕业后、还是工作稳定后？是在毕业多久后产生的家庭流动？

答：在毕业 8 年以后过去的。

问：这些家庭成员的流动与您的职业类型、收入水平关系密切吗？

答：应该是相关的，在我工资稍微高一点儿，买了房子之后家庭成员更容易流动一些。

问：您觉得是否职业质量越高，家庭流动的意愿越强烈？

答：应该是的，只有自己找到比较好的工作，先稳定下来，才能接纳家庭成员流动过去。

问：您的家庭流动是否完成？

答：我和丈夫还有孩子已经完成了。

问：流动过程中，具体是哪些成员跟随您流动的？在什么情况下流动的？流动的步骤是怎样的？

答：我们先从湖南到了海南，再从海南来到深圳。

问：影响您家庭流动的主要因素有哪些？

答：经济方面的原因更多吧。

问：高等教育在其中占了多大的比重？

答：我认为占了一定的比重，高等教育是基础，会对职业性质有影响，然后才有能力带动家庭流动。

访谈记录 15（女性）

问：您的年龄是？

答：48 岁。

问：您的籍贯是？

答：湖南。

问：您目前的生活和工作所在地是？

答：在深圳。

问：您的户口类型是？

答：城市户口。

问：您的住房情况是？

答：有一套住房。

问：您有几个兄弟姐妹？

答：4 个。

问：您的职业及工作性质是？

答：教师。

问：您的工作年限是？

答：25 年多了。

问：您的平均月收入是？

答：10000 元左右。

问：您的学历是？

答：大专。

问：您所接受的高等教育类型及获得该学历的学校所在地是？

答：学的电子专业，在湖南。

问：您是哪年参加的高考？

答：1988 年。

问：您高考时您父母的职业、文化程度、家庭年收入（家庭经济状况）是怎样的？

答：我父母都是老师，母亲的文化程度是初中，父亲的文化程度是高中。家庭经济状况中等。

问：您所就读的大学在您的籍贯地吗？

答：是。

问：您在选择大学时哪些因素对您起到影响（如个人理想、家庭经济水平、学习成绩、地区吸引等），其中最重要的影响因素是什么？

答：我觉得都有，可能离家比较近更重要吧。

问：个人意愿和家庭情况哪个因素对您在选择大学时的影响更大？

答：个人意愿的影响比较大。

问：在您接受高等教育的过程中，是否产生了家庭流动？例如陪读。

答：没有。

问：您在接受高等教育的过程中在哪些学校学习过哪些专业？

答：电子自动化专业。

问：您认为您在找工作的时候，哪些因素影响了您的职业选择？

答：第一份工作是国家分配的，后来的工作是环境的改变而导致的吧。

问：在您的职业选择过程中，受教育情况和家庭条件哪个占主导地位？

答：受教育情况。

问：您的工作地点和接受高等教育的地点是否一致？为什么？

答：第一份工作是一致的，是分配的，后来就不一致了。

问：最主要的影响因素是什么？

答：经济方面的因素更多。

问：您的初次家庭流动是在何时产生的？是接受高等教育时、毕业后、还是工作稳定后？是在毕业多久后产生的家庭流动？

答：是在 2002 年，在我第二份工作稳定之后，大概是毕业 11 年后。

问：这些家庭成员的流动与您的职业类型性质、经济收入水平关系密切吗？

答：非常密切。

问：您觉得是否职业质量越高，家庭流动的意愿越强烈？

答：是这样的，非常赞同。

问：您的家庭流动是否完成？

答：已经完成了。

问：流动过程中，具体是哪些成员跟随您流动？在什么情况下流动的？流动的步骤是怎样的？

答：我的孩子还有我的兄弟姐妹都一起流动了。我和丈夫先过来，孩子后过来，接着我的母亲和兄弟姐妹才过来。

问：影响您家庭流动的主要因素有哪些？如果可以，请您多多描述一下细节。

答：对于我的家庭流动来说，我想最重要的因素就是家庭凝聚力吧。我和丈夫到深圳工作后就把孩子给接过来了，其实孩子就像是家里的纽带，因为我母亲在湖南老家一直帮我们照顾孩子，孩子这一走，她就特别想孩子，所以她也就自然而然地流动过来了。还有，我们家的家庭氛围特别好，兄弟姐妹之间的感情也很好，大家都希望能定期地和家人聚在一块儿，所以后来我的其他兄弟姐妹也都陆陆续续地流动到了深圳。

问：高等教育在其中占了多大的比重？

答：占 60% 吧。

访谈记录 16（男性）

问：您的年龄是？

答：今年 49 岁。

问：您的籍贯是？

答：湖南。

问：您目前的生活和工作所在地是？

答：深圳。

问：您的户口类型是？

答：城市户口。

问：您的住房情况是？

答：我自己买的房。

问：您有几个兄弟姐妹？

答：5 个。

问：您的职业及工作性质是？

答：用现在时髦的话讲是自主创业吧。

问：您的工作年限是？

答：有 22 年了。

问：您的平均月收入是？

答：20000 元左右。

问：您的学历是？

答：大专。

问：您所接受的高等教育类型及获得该学历的学校所在地是？

答：我上的是师范类的大专，学的数学专业，在湖南。

问：您是哪年参加的高考？

答：1988 年。

问：您高考时您父母的职业、文化程度、家庭年收入（家庭经济状况）是怎样的？

答：我父母都是农民，他们的文化程度是小学，那会儿的年收入在一千块钱左右。

问：您所就读的大学在您的籍贯地吗？

答：是的。

问：您在选择大学时哪些因素对您起到影响（如个人理想、家庭经济水平、学习成绩、地区吸引等），其中最重要的影响因素是什么？

答：个人理想吧，因为在我们那个年代师范生录取的比例比较高，所以当时就选择了师范类的院校。

问：个人意愿和家庭情况哪个因素对您在选择大学时的影响更大？

答：个人意愿影响更大。

问：在您接受高等教育的过程中，是否产生了家庭流动？例如陪读。

答：并没有。

问：您在接受高等教育的过程中在哪些学校学习过哪些专业？

答：数学专业。

问：您认为您在找工作的时候，哪些因素影响了您的职业选择？

答：我们刚毕业时是包分配的，后来找的工作是因为个人理想和家庭情况吧。

问：在您职业选择的过程中，受教育情况和家庭条件哪个占主导地位？

答：我觉得都差不多吧，是综合考虑的结果。

问：您的工作地点和接受高等教育的地点是否一致？为什么？

答：第一份工作是一致的，毕业后国家分配，就留在了当地。后来我自己选择来了深圳。

问：最主要的影响因素是什么？

答：经济占主导因素吧。

问：您从上学地到初次工作地的过程中，是否产生了家庭流动？

答：没有。

问：您的初次家庭流动是在何时产生的？是接受高等教育时、毕业后、还是工作稳定后？是在毕业多久后产生的家庭流动？

答：2000 年，是在我工作稳定后，毕业后十年左右。

问：这些家庭成员的流动与您的职业类型、收入水平关系密切吗？

答：那是当然的。

问：您觉得是否职业质量越高，家庭流动的意愿越强烈？

答：是的。

问：您的家庭流动是否完成？

答：已经完成了。

问：流动过程中，具体是哪些成员跟随您流动的？在什么情况下流动的？流动的步骤是怎样的？

答：一大家子人都流动了。

问：影响您家庭流动的主要因素有哪些？

答：经济、环境的因素。

问：高等教育在其中占了多大的比重？

答：这个不一定，不接受高等教育也有可能流动，可能生存手段不一样而已。只有自己稳定了，才能把家人带出来。

访谈记录 17（男性）

问：您的年龄是？

答：46 岁。

问：您的籍贯是？

答：湖南。

问：您目前的生活和工作所在地是？

答：深圳市。

问：您的户口类型是？

答：城市户口。

问：您的住房情况是？

答：买房。

问：您有几个兄弟姐妹？

答：6 个。

问：您的职业及工作性质是？

答：中学教师。

问：您的工作年限是？

答：23 年。

问：您的平均月收入是？

答：10000 元左右。

问：您的学历是？

答：本科。

问：您所接受的高等教育类型及获得该学历的学校所在地？

答：在湖南教育学院。

问：您是哪年参加高考的？

答：1989 年。

问：您高考时您父母的职业、文化程度、家庭年收入（家庭经济状况）是怎样的？

答：我父母是农民，文化程度是文盲，年收入在一千块钱左右。

问：您就读的大学在您的籍贯地吗？

答：是的。

问：您在选择大学时哪些因素对您起到影响（如个人理想、家庭经济水平、学习成绩、地区吸引等），其中最重要的影响因素是什么？

答：那个时候受家庭经济水平影响比较大，师范类学校不需要交钱。

问：个人意愿和家庭情况哪个因素对您在选择大学时的影响更大？

答：家庭情况。

问：在您接受高等教育的过程中，是否产生了家庭流动？例如陪读。

答：没有。

问：您在接受高等教育的过程中在哪些学校学习过哪些专业？

答：在湖南师范大学学的数学专业。

问：您认为在您找工作的时候，哪些因素影响了您的职业选择？

答：我们是定向教育，国家的政策决定我的职业选择。

问：您的受教育情况和家庭条件哪个占主导地位？

答：差不多吧。

问：您的工作地点和接受高等教育的地点是否一致？为什么？

答：第一份工作是一致的，然后去了海南，后来就来了深圳。

问：最主要的影响因素是什么？

答：经济因素。

问：您从上学地到初次工作地的过程中，是否产生了家庭流动？

答：有，我的母亲过来给我带小孩，亲戚偶尔过来。

问：您的初次家庭流动是在何时产生的？接受高等教育时、毕业后、还是工作稳定后？是在毕业多久后产生的家庭流动？

答：在我毕业三年以后，也就是我成家之后。

问：这些家庭成员的流动与您的职业类型、收入水平关系密切吗？

答：肯定是的。

问：您觉得是否职业质量越高，家庭流动的意愿越强烈？

答：是的。

问：您的家庭流动是否完成？

答：完成了。

问：流动过程中，具体是哪些成员跟随您流动的？在什么情况下流动的？流动的步骤是怎样的？

答：妻子和孩子一起过来了。我们到海南，也是为了更好的生活条件，后来到了深圳，生活就更好一点儿。

问：影响您家庭流动的主要因素有哪些？

答：一个是想改变命运，不想再当农民了，想有一个铁饭碗。另一个就是他们在老家没什么发展前途。最主要的是为了给孩子提供条件更好的生活环境。

问：高等教育在其中占了多大的比重？

答：我觉得应该占了 80%。学的知识倒是其次的，接受高等教育之后更大的改变是视野和心态不一样了。

访谈记录 18（男性）

问：您的年龄是？

答：49 岁。

问：您的籍贯是？

答：山东。

问：您目前的生活和工作所在地是？

答：北京。

问：您的户口类型是？

答：非农业户口。

问：您的住房情况是？

答：买房。

问：您有几个兄弟姐妹？

答：1 个。

问：您的职业及工作性质是？

答：我在一家私营企业工作。

问：您的工作年限是？

答：24 年。

问：您的平均月收入是？

答：20000 元左右。

问：您的学历是？

答：本科。

问：您是哪年参加的高考？

答：1987 年。

问：您能简单介绍一下您高考时的家庭情况吗？比如说户口性质、父母工作和受教育水平、家庭经济水平之类的。

答：好的。我们家在当时还算过得去，经济水平的话也就中等稍微偏上一点点，我父母是中学学历，我父亲在集体企业上班，我母亲主要是从事农业相关工作。我父亲是非农业户口，所以我也就跟着父亲的户口走，那时候有城市户口是件很优越的事情。

问：请问您当时为何想考大学呢？主要影响源自哪里呢？

答：我当时成绩一直不错，按照常理就应该是继续上学，继续深造，去更好更先进的地方，这也是我的梦想。

问：您当时工作是在北京对吧？后来家人陆陆续续地过来对吗？

答：没错。我先留在北京，然后我太太也跟着一起过来，孩子之前给老母亲老父亲带，后来长大了也来北京上学。老父亲老母亲之前经常会来北京久住，现在因为空气不好等原因也不过来了，我们会经常回去看望他们。

问：您认为高等教育对您来说重要吗？对您的家庭流动有何影响？

答：非常重要。对我来说，我是山东人，北方人都注重安土重迁。高等教育是我走出去的重要契机，开了眼界之后我才会觉得不一定要拘泥于一个地方。

访谈记录 19（女性）

问：您的年龄是？

答：48 岁。

问：您的籍贯是？

答：山东淄博。

问：您目前的生活和工作所在地是？

答：北京。

问：您的户口类型是？

答：非农业户口。

问：您的住房情况是？

答：我在北京已经买了房子。

问：您有几个兄弟姐妹？

答：两个，一个哥哥一个妹妹。

问：您的职业及工作性质是？

答：我在私营企业做市场和销售。

问：您的工作年限是？

答：23 年左右了。

问：您的平均月收入是？

答：18000 元。

问：您的学历是？

答：本科。

问：您所接受的高等教育类型及获得该学历的学校所在地在哪儿？

答：我本科读的是对外经济与贸易大学，从山东淄博考到了北京。

问：您是哪年参加高考的？

是：1988 年。

问：您高考时您的家庭经济状况、父母的职业、文化程度是怎样的？

答：我们家算半工半农家庭，经济水平算中等吧。我爸单位福利好点儿，我母亲是劳动妇女，在家务农。

问：您在选择大学时哪些因素对您起到重要影响？例如个人理想、家庭经济水平、学习成绩、地区吸引力等，其中最重要的影响因素是什么？

答：我觉得首先成绩是一个硬性衡量标准，你得够学校的分数线，对吧？除此之外就是个人的理想和地区吸引力了。

问：个人意愿和家庭情况哪个对您在选择大学时的影响更大？谈得越具体

越好。

答：个人意愿吧，因为分数是自己考出来的，我自己有足够的决定权。而且那个时候我父母不仅不限制我，还很支持我，尤其是我母亲。她虽然只是个普通的农村妇女，但特别明事理，也非常勤劳朴实。她太知道作为一个女性在田间耕种的劳苦，所以从我小时候开始，她就一直教育我必须要好好读书，争取走出农村，千万别像她一样，无论严寒酷暑都得下地干农活。而且她始终鼓励我去外面的世界看看，给我灌输将来要在城市生活的理想。嗯，这么说吧，我出来读书主要是得到了父亲经济上的支持，还有母亲精神上的影响，她使我从小就埋下了去大城市生活的种子，而接受高等教育就是实现这个目标最重要、最正确、最可能的方式。

问：在您接受高等教育的过程中，是否产生了家庭流动？例如陪读。

答：我们那时候不流行这个。

问：您在接受高等教育的过程中在哪些学校学习过哪些专业？

答：市场营销。

问：您认为您在找工作的时候，哪些因素影响了您的职业选择？

答：我觉得主要是契机吧，我跳槽了几次，机会好是最主要的。

问：您的受教育情况和家庭条件哪个因素占主导地位？

答：主要是受教育情况吧，企业都很现实。

问：您的工作地点和接受高等教育的地点是否一致？为什么？

答：一致，这样找工作方便。

问：最主要的影响因素是什么？

答：很多同学都在身边，互相好照应。

问：您的初次家庭流动是在何时产生的？是接受高等教育时、毕业后、还是工作稳定后？是在毕业多久后产生的家庭流动？

答：在我毕业后成家，安定下来以后。

问：这些家庭成员的流动与您的职业类型、收入水平关系密切吗？

答：密切，经济收入是保障。

问：您觉得是否职业质量越高，家庭流动的意愿越强烈？

答：我觉得是的。

问：您的家庭流动是否完成？

答：基本完成了。

问：流动过程中，具体是哪些成员跟随您流动？在什么情况下流动的？流动的步骤是怎样的？

答：我父母都会过来。我母亲身体不好，来北京治病就常住我家，父亲会照顾她。

问：影响您家庭流动的主要因素有哪些？

答：还是观念吧，团聚是一种追求。

问：高等教育在其中占了多大的比重？

答：高等教育的影响是阶段性的，它会时不时地凸显作用。

访谈记录 20（女性）

问：您的年龄是？

答：38 岁。

问：您的籍贯是？

答：山东。

问：您目前的生活和工作所在地是？

答：北京市。

问：您的户口类型是？

答：非农业户口。

问：您的住房情况是？

答：买房。

问：您有几个兄弟姐妹？

答：我上有一个姐姐，下有一个弟弟。

问：您的职业及工作性质是？

答：我现在是在读博士生。

问：您的工作年限是？

答：我读博之前工作了 14 年，在烟台师范学院当老师。

问：您的平均月收入是？

答：现在大概 4000 块左右的样子吧，因为还是在读博士生嘛。

问：您是哪年参加的高考？

答：1994 年。

问：您能简单介绍一下您高考时的家庭情况吗？比如说户口性质、父母工作和受教育水平、家庭经济水平之类的。

答：我高考时我们家的家庭收入也就算中等吧，父母都是老师。父亲教中小学，母亲是幼儿园老师，父母的学历都是高中。

问：您的受教育情况能介绍一下吗？您接受高等教育受哪些因素影响？

答：接受高等教育的原因，这个我当时也是很纠结。我们那时候上大学不像现在这样，在人们的观念里几乎是必须要经历的。我个人当时学习也比较好吧，所以就希望一直读下去。我初中的时候其实想考中专，然后没考上，考到了青岛五十八中，然后我父母就让我继续上学，这可能跟他们从事教育工作有关系吧。当然，我自己也是很想上学的，所以个人理想也算一方面。同时，我父母也比较支持我，不像有的父母觉得孩子书念得差不多够用了，就停下来工作吧。长远来看，我父母认为幸亏当时没让我早工作，要不然个人的发展就受影响了。因为在当时的社会环境下，大家只是觉得考上师范能够早一点儿帮家里解决经济问题就最好了。所以我很难在影响高等教育的三个最重要原因里面挑选甚至是排序，我个人是觉得这三个因素都很重要。如果一定要排序，我觉得首先是个人理想，其次是父母意愿，第三个是社会环境，虽然这个在当时我考大学的时候影响不大，但是对现在的确影响很大。当然我继续深造也受父母影响较大，我读的是师范类专业，我父母也是教师，他们觉得女孩子安稳做个老师挺好的。当时有一个阶段，我还想做农业科学家，我爸说，哎呀，晒得那么黑，还不如当个老师呢！所以父母意愿也是很重要的。

问：所以您觉得其实家庭对您高等教育选择以及专业选择是很重要的对吧？

答：对我来说，是挺重要的。

问：您为何选择来到北京继续读博士呢？您以前的工作应该也是不错的吧？

答：这说来话长，也是一个很复杂的过程。我丈夫是南方的一个农民家庭出来的，是当年的高考状元，然后考上了北师大，本科毕业之后就去青岛工作了。我读大学那年他给我当老师，等我本科毕业去读研究生的时候我们就结婚了。后来他选择来北京继续读书，毕业后有个机会就留在北京工作了。可我们总是两地分居也不能长久，我就想到北京读个博士，这样既容易落户，也能够解决我俩两地分居的问题。

问：那您和您爱人都是因为高等教育的原因流动到北京的？

答：对，那绝对是因为高等教育的原因。只是他们南方人观念和北方人不太一样，他们通过经商也会产生家庭流动。像山东吧，我爷爷那辈就认为读书是很有出息的，读书离开父母是可以理解的，但是你要是因为经商外出不在父母身边，他就觉得这是自己没本事。如果是考大学考出去的，然后在外边工作，他就觉得特别有面子。我婆婆却不这么认为，他们觉得出去只要能挣着钱就好，读书也是一种路，经商也是一种路。

问：这算是有一种地域差异在里面吗？

答：对。

问：那么是否可以概括为，您和您爱人的发展轨迹都有一个共同点，那就是接受高等教育？

答：对，因为高等教育这个契机，给我们带来了流动的可能。如果没接受高等教育，留在山东，可能我就不会流动了。

问：那您和您爱人会考虑接老人过来吗？

答：像我婆婆年纪大了，腰也不太好，她自己本身不是特别愿意动弹，有时候过来也觉得麻烦，我们就会每年过年或者过节的时候回去看她。

问：您大学所读专业是？

答：中文系，文学教育。

问：那您当时的专业和初次工作是否对口呢？

答：也算是对口吧，我当时硕士读的是教育学，我教的是语文课程与教学论，在烟台师范学院。我之所以做老师也和我当时的大学生活有关，过多的学生工作消磨了我对于行政工作的热情，我逐渐发现自己还是更适合安心读书，快乐教书。加之是受到父亲的影响，我也很乐于安心教书，传播知识。现代社会过多地批评老师是不对的，老师过多地在乎外界批评也是不对的。别人读我的博士论文，说我的文章是有温度的。我后来觉得，高等教育还教会了我理性，包括工具理性和价值理性。对我来说，高等教育提高了我的价值理性，这对我面对环境变化时是否会选择流动都有一个很大的影响。好在我爱人他也不约束我，他本人想到北京来，他就过来了。他觉得我有实力能够通过接受教育结束两地分居的局面，他就一直很鼓励我。总体来说，他到哪里，我就会很努力地跟着到哪儿，而实际上吧，我们两个人两地分居也有十年了。我在山东的时候他一直在北京，后来他把孩子接来北京上学，然后我就跟着过来了，所以家庭对我来说很重要。本质上说，我们山东人嘛，我和爱人组成一个家庭，这个家庭里还有一个更重要的纽带就是孩子。我爱人先来了北京，考虑到孩子的未来，我选择了来北京读博士，换句话说也是孩子把我迁过来的。当然，我的跟随意识也是比较强的，丈夫和孩子是我流动的动力之一。

问：所以不仅是配偶，可能孩子、父母的不牵绊也是一种流动的动力呢？是不是也和您家有三个姐妹兄弟有关呢？

答：不，我爸妈就很开明。他们觉得只要不哄孩子，就很知足。他们说，你们不用回来，我们俩玩得挺好的。

问：您父母是不是身体很健康、生活很丰富呢？

答：对，我父母身体状况都很好，他们都很独立，都不靠儿女，所以我表弟老说我大舅妈是个"美国娘"。

问：您的家庭流动与您父母的开明是分不开的。

答：是，孩子的天地，孩子自己闯，这个思想也影响了我的教育思想。我觉得世上只有一种爱是以分离为目的的，这种爱就是母爱。所以你越能干，妈妈就越开心。妈妈不用你养，但是你要养好你自己。我内心是很认可我父母的观点，这种思想也影响到我教育自己的孩子。

问：随着父母年龄的增长，您会把他们接过来一起生活吗？

答：肯定会的。首先我的父母平常不愿意多给儿女添麻烦，他们在你身边也会很明智。当然这也和父母的能力、意愿、性格、素质等各方面有关。比如我婆婆她对孩子的事情干涉比较多，她也不想和孩子一起住。我个人的感觉是，在流动的最初阶段，父母的状态对你是会有影响的。当你真正流动出去以后，其实父母就已经不再是牵绊你的一个原因了。比如说，我在北京有固定的工作，我不会为了我父母的身体就跑回去照顾她，而把工作弄丢了，工作和事业都不要了。我顶多会考虑要不要把父母接过来的问题。如果他适应北京的生活并且愿意在这里生活，那我肯定二话不说就把他们接过来。

问：那您当时上大学的时候学费贵吗？

答：不贵，当时是并轨之前，我们师范生免费，同时还有每个月六十块钱生活费补助。那时候考上大学是非常令人羡慕的，那会儿我们家三个孩子都考上了大学，所以青岛日报还专门报道了我们家的事迹，叫一门三状元。现在考上大学这个情况是很普遍了。

问：您初次就业时，哪些因素影响了您的职业选择？

答：职业的稳定性、工作的发展前途这些因素都会考虑吧。可能再就是家庭偏好、地域偏好吧，我喜欢在海边待着。还有就是老师的社会地位比较高。

问：您的初次家庭流动是什么时候发生的？

答：初次家庭流动是在我硕士的时候，我爱人从青岛到了北京。

问：也就是那时候您还没结束高等教育。

答：对，目前是三个人流动了。

问：那未来呢？您的家庭是否会跟随您进行流动呢？

答：这个嘛，比如说今后我去了珠海，那家庭可能会流动过去，毕竟是在南方，离得太远了，不过这个可能性也不大，因为我会优先考虑北京的。我们现在在北京有户口、有房子，我认为家庭不会再流动了，除非特别有必要。

问：请您在影响家庭流动意愿的因素中选出 5 项，并按重要程度排序。

答：我觉得吧，首先要把下一代的抚养放在第一位；另外一个就是高等教育的获得，这也是一个重要的因素；还有一个是个人的家庭观念，当然是指我现在的核心家庭；再就是地区公共服务；最后一个就是地区环境质量，北京的空气质量是我对北京唯一不满意的地方。

问：请问高等教育在您的家庭流动中占了多大的比重？

答：我觉得能占到 90%，要是没有高等教育的作用，我爱人、孩子和我是不可能从山东流动到北京的。

访谈记录 21（男性）

问：您的年龄是？

答：43 岁。

问：您的籍贯是？

答：我生在江西。

问：您目前的生活和工作所在地是？

答：北京。

问：您的户口类型是？

答：农业户口。

问：您的住房情况是？

答：买房。

问：您有几个兄弟姐妹？

答：两个。

问：您的职业及工作性质是？

答：事业单位。

问：您的工作年限是？

答：有 16 年了。

问：您的平均月收入是？

答：8000 元上下吧。

问：您的学历是？

答：硕士。

问：您所接受的高等教育类型及获得该学历的学校所在地？

答：在北京，毕业于中国人民大学。

问：您是哪年参加高考的？

答：1992 年。

问：您高考时您父母的职业、文化程度、家庭年收入（家庭经济状况）是怎样的？

答：刚够中等吧，比较一般，有时候还挺艰苦的。

问：您在选择大学时哪些因素对您起到影响（如个人理想、家庭经济水平、学习成绩、地区吸引等），其中最重要的影响因素是什么？

答：家里经济条件不好，想要尽快脱贫，最大的动力就是通过读书改变命运。

问：个人意愿和家庭情况哪个因素对您在选择大学时的影响更大？

答：双重影响吧，都挺大。

问：在您接受高等教育的过程中，是否产生了家庭流动？例如陪读。

答：没有。

问：您在接受高等教育的过程中在哪些学校学习过哪些专业？

答：我学的是会计。

问：您认为您在找工作的时候，哪些因素影响了您的职业选择？

答：我觉得是岗位的待遇和发展，以及稳定程度。

问：您的受教育情况和家庭条件哪个占主导地位？

答：受教育情况吧，毕竟是教育改变了我的人生。

问：您的工作地点和接受高等教育的地点是否一致？为什么？

答：一致的。

问：最主要的影响因素是什么？

答：大家都是这么找的，家乡没有太多工作机会。既然通过读书走向大城市了，就希望能在这里扎根立足，而且北京机会多、就业面广，比在家乡更容易找到体面的工作，就留下来了。

问：您从上学地到初次工作地的过程中，是否产生了家庭流动？

答：没有。

问：您的初次家庭流动是在何时产生的？是接受高等教育时、毕业后、还是工作稳定后？是在毕业多久后产生的家庭流动？

答：是在我工作稳定、结婚之后。

问：这些家庭成员的流动与您的职业类型性质、经济收入水平关系密切吗？

答：有一定的关系吧，如果我没有稳定的工作和收入，我家人来北京生活的经济成本我是没法儿负担的。

问：您觉得是否职业质量越高，家庭流动的意愿越强烈？

答：对的，可以这么说吧。

问：您的家庭流动是否完成？

答：阶段性的，还没完成。

问：在流动过程中，具体是哪些成员跟随您流动的？在什么情况下流动的？流动的步骤是怎样的？

答：起初是我自己来到北京读书，毕业后留在北京工作、结婚。后来我弟弟受到我的影响也来北京找工作，我们兄弟两个基本都稳定下来了。但我还有个妹妹在江西老家，将来她也是打算来北京发展的，之后就是要把父母接过来和我们一起过，到那时才算真正团聚，不过这都得一步步地慢慢来。

问：影响您家庭流动的主要因素有哪些？

答：发展机会。

问：高等教育在其中占了多大的比重？

答：80% 以上。

访谈记录 22（男性）

问：您的年龄是？

答：48 岁。

问：您的籍贯是？

答：湖南常德。

问：您目前的生活和工作所在地是？

答：在青岛。

问：您的户口类型是？

答：农业户口。

问：您的住房情况是？

答：买房。

问：您有几个兄弟姐妹？

答：我还有一个弟弟。

问：您的职业及工作性质是？

答：国企中层。

问：您的工作年限是？

答：24 年。

问：您的平均月收入是？

答：12000 元左右。

问：您的学历是？

答：大学本科。

问：您所接受的高等教育类型及获得该学历的学校所在地是？

答：青岛大学。

问：您是哪年参加高考的？

答：1985年。

问：您高考时您父母的职业、文化程度、家庭年收入（家庭经济状况）是怎样的？

答：我父母当时都是农民，家庭经济情况中等偏下吧。

问：您就读的大学在您的籍贯地吗？

答：不在。

问：您在选择大学时哪些因素对您起到影响（如个人理想、家庭经济水平、学习成绩、地区吸引等），其中最重要的影响因素是什么？

答：地理位置吧，那时候听说青岛很漂亮，夏天很凉快。

问：个人意愿和家庭情况哪个因素对您在选择大学时的影响更大？

答：个人意愿吧，地方都是我自己选的，父母也没去过。

问：在您接受高等教育的过程中，是否产生了家庭流动？例如陪读。

答：没有。

问：您在接受高等教育的过程中在哪些学校学习过哪些专业？

答：我在青岛大学学的是法律专业。

问：您认为您在找工作的时候，哪些因素影响了您的职业选择？

答：我找工作的时候考虑的是企业口碑。

问：您的受教育情况和家庭条件哪个占主导地位？

答：受教育情况吧，不过我父母虽然是农民，但是也很重视教育。

问：您的工作地点和接受高等教育的地点是否一致？为什么？

答：一致。因为我就是想留在青岛。

问：最主要的影响因素是什么？

答：气候、地域吧，来了就不想走。而且这个城市也非常漂亮，又是在海边，我非常喜欢，这就是属于你们问卷中写的"地区吸引力"吧。

问：您的初次家庭流动是在何时产生的？是接受高等教育时、毕业后、还是工作稳定后？是在毕业多久后产生的家庭流动？

答：是在我工作很多年了以后，毕竟父母安土重迁，不愿意离开老家，但是来了之后觉得还不错。

问：这些家庭成员的流动与您的职业类型、收入水平关系密切吗？

答：有关系，是在我买房之后才接父母来一起生活的。

问：您觉得是否职业质量越高，家庭流动的意愿越强烈？

答：是的吧。

问：您的家庭流动是否完成？

答：完成了。

问：在流动过程中，具体是哪些成员跟随您流动的？在什么情况下流动的？流动的步骤是怎样的？

答：我媳妇是青岛人，我娶了本地人，她不用流动。我在青岛买房后就把我父母接过来了，接下来是弟弟也过来做生意。

问：影响您家庭流动的主要因素有哪些？

答：主要就是城市吸引力。

问：高等教育在其中占了多大的比重？

答：高等教育是一个促成因素，或者说是一个基础性因素吧。

访谈记录 23（女性）

问：您的年龄是？

答：我今年 25 岁。

问：您的籍贯是？

答：我出生在江西丰城。

问：您的户口性质是？

答：我读大学之前就是非农业户口了，不过读了大学以后，为了方便办护照、港澳通行证之类的，就把户口也迁出去了，不过现在又落回来江西了。

问：您目前的生活和工作所在地是？

答：是在江西南昌。

问：您现在的住房情况是？

答：我父母帮我在南昌买的房，大概是在我读大学的时候买的。不过那个时候只是妈妈和外公外婆会住一下，寒暑假我回来的时候住，现在基本就很稳定地住在那里啦。

问：那您当初在读大学的时候为什么想到要买房呢？

答：就是觉得虽然我毕业后不会百分之百地留在南昌，但可能会将南昌作为工作地的候选城市之一吧。而且我爸妈也想在南昌买一套房子，毕竟南昌还是比丰城要好一点儿，老人家看病比较方便。而且到我暑假、寒假想回来的时候，我还可以住在这里。

问：您有几个兄弟姐妹？

答：我还有一个小弟弟。

问：您现在的职业和工作性质是？

答：在读硕士生。

问：您是哪年参加的高考？

答：2010 年。

问：您高考时父母的职业、文化程度、家庭年收入（家庭经济状况）是怎样的？

答：我爸算是个体工商户，我妈是事业单位的工作人员，他们的文化水平都是高中毕业，家庭经济状况属于中等偏上吧。

问：请问您的学历情况是？

答：我的大学是在云南昆明读的，硕士又考回南昌了。

问：您当初为什么会选择去云南读大学呢？

答：首先肯定还是高考分数的原因。因为我高考考砸了，而且考得不是一般的差，如果能考好点儿，估计我就去北京了吧。既然去不成北京，但是我又不愿意留在南昌，我在南昌读了三年高中，虽然就只是在南昌待了三年，但是真的觉得南昌没有什么好玩的，而且爸妈就在身边，总感觉上大学就应该去一个比较远的地方，这样才对啊。然后就在二本的学校里面选，我家里觉得还是在省会城市选学校比较好，毕竟作为省会，机会啊、条件啊之类的肯定会比一般的城市要好一点儿。最后就决定去昆明，第一是因为分数应该够进这所学校，第二是因为大西南之前都没有去过，如果去了昆明至少在这四年中我可以把云南给好好玩一遍啊！

问：那您考研时为什么又选择回到江西了呢？

答：这是因为男友啦，他在南昌读书，而且他毕业后肯定也会在南昌找工作，所以我就回南昌读硕士啦。再加上爸妈又在南昌买了房子，觉得至少对南昌比较熟悉，去一个新的地方又要重新去熟悉那边的环境，想想还是算了。而且考研的时候也没有准备得很好，所以就只能选在南昌读硕士了。

问：您父母是为了您才在南昌买房的吗？

答：这是一个主要原因，我当时在云南读大二、大三的时候也经常回南昌，所以他们就干脆在南昌买了一套房子，以后我暑假回家就不用先回南昌、再回丰城了。还有一个原因就是，毕竟省会城市各方面的条件还是比小城市好很多的，在省城买套房子的话，以后生活起来会更方便一些。

问：那您寒假和暑假大部分时间都是在南昌度过的？

答：对啊，我和我家里人就相当于是在南昌碰面了。他们也能来南昌住一段时间，也省得我从云南赶回南昌，又要拖着行李箱赶回丰城。反正当时，在我念大一、大二的时候南昌的房价也不算高。而且他们觉得我在南昌也读了三年高中，再怎么样也不会回丰城工作生活了，所以就直接在南昌买房了。

问：那在您的家庭，第一个产生家庭流动的是谁？

答：我妈。那个时候我暑假回家，她就会过来看我，照顾我，顺便监督我。其实我觉得还是为了照顾我她才会过来吧，之前暑假她都是一直待在这儿，等我回昆明了，她估计觉得待着无聊了，她又会回去。反正她也会在我上学的时候时不时地过来一下。

问：那之后呢？还有其他家庭成员会流动过来吗？

答：我弟出生后，我妈来南昌就会带上我弟，我外公外婆就会一起跟过来，一起来南昌住上一段时间，而且我还有个亲戚在农大，他们也顺便来看看亲戚。不过这也都是发生在我寒暑假回来的时候，像这种全家一起来的情况，平时应该也不会发生。

问：那现在呢？现在他们也是暑假寒假才过来吗？

答：不，我来南昌读硕士后，他们时不时就会来南昌，我觉得应该是来看看我，顺便照顾我。

问：您的家庭流动是不是可以理解为，类似于候鸟迁移的这种形式，每隔一段时间就来一趟？

答：对，他们来一次会至少住上一个月吧。但如果我外公外婆一起来的话，估计住的时间就不会特别长，如果就我妈和我弟弟来，估计就会住上两三个月。

问：那您的家庭有没有考虑过以后就全家住在南昌了？

答：这个我也有问过，不过毕竟我爸的厂子在丰城，而且在丰城还有很多事情。我以后毕了业也可能不会留在南昌工作啊，如果我去杭州找工作的话，我觉得他们应该会把南昌的这一套房子给卖了吧，或是把丰城的房子卖了，现在这个也不好确定，反正我妈上次说肯定是会卖一套房子的。

问：也就是说，您的家庭以后会不会留在南昌全看您在哪里工作了？

答：嗯，差不多吧。

问：我看到您在填答"产生家庭流动的影响意愿"这道题中将家庭凝聚力排在第一重要的位置，可以具体解释一下吗？

答：毕竟从我家的情况来看就是这个样子。我觉得我的家庭能产生流动，最主要的原因是我接受了高等教育，然后从家里出来了，我妈想来看我，省得我总往丰城老家跑不方便，就直接跟我一起来南昌了。所以从我个人的角度来看，我觉得家庭凝聚力是排在第一位的。

问：那您觉得高等教育在这其中起到多大的作用？

答：挺大的吧。如果我不在昆明读书，或是说我不回南昌读书，估计我妈就不会来南昌，就会一直待在丰城了。因为我去昆明读大学，又回南昌读硕士，他们才会想来南昌。我觉得高等教育在我们家的家庭流动中，影响比较大。

问：那最后一个问题，请谈谈您对接受高等教育对家庭流动产生作用和影响的看法。

答：我觉得接受高等教育首先会让你拥有找到一份好工作的可能性，等你有了好工作之后就会增加收入，这是一种经济资本，当你的经济资本达到一定程度之后，你就可以进行家庭流动了。比如你在北京读了硕士之后，留在北京，只有找到个好工作，赚足了钱你才可能把你家里人给接过去，对吧？或者说，我觉得高等教育是个基础，它应该是产生家庭流动最开始的那一个按钮，就是蝴蝶效应中的那只蝴蝶。不过我刚刚也想到，可能你在某个城市接受了高等教育之后，你就会对这个城市产生好感，然后你就把你家人都接过去了。不过这种情况估计就只能发生在土豪的身上，或是你去的城市房价、物价这方面不会特别高。说来说去，还是得看城市的条件和工资吧，但高等教育应该是一种基础的作用，就是那种它不是万能的，但是没有它是万万不能的那种感觉。

访谈记录 24（男性）

问：您的年龄是？

答：23 岁。

问：您的籍贯是？

答：江西南昌。

问：您目前的生活和工作所在地是？

答：在北京。

问：您的户口性质是：

答：非农业户口。

问：您现在的住房情况是？

答：在北京租房住。

问：您有几个兄弟姐妹？

答：我是家里的独生子。

问：您的职业及工作性质是？

答：我现在在一家国企工作。

问：您的工作年限是？

答：刚工作一年。

问：您的平均月收入是？

答：6000 元左右吧。

问：您是哪年参加高考的？

答：2010 年。

问：您高考时父母的职业、文化程度、家庭年收入（家庭经济情况）是怎样的？

答：我父母都是大学本科毕业，都是国家公务员，在党政机关工作，我们家的经济条件应该是属于中等偏上吧。

问：那您当初为什么会选择来北京上大学？

答：我当初也没有参加高考。我参加了全国化学竞赛还有机器人比赛，当时拿了全国二等奖，所以就拥有了保送的资格。当时就觉得如果要去上大学的话，肯定不会留在江西啊，所以肯定要出去。北京毕竟是首都，名校多，而且我爸也有认识的人在这边，来北京上学就比较方便，所以选择大学时就直接选择北京了。然后当时就想着学个工科类的专业，清华吧又去不成，觉得北理还不错，所以就选择在北理上大学了。

问：那您觉得在您选择大学的时候，有哪些因素影响了您？

答：我觉得首先还是家庭的因素吧，我家里的人都觉得北京比较好，毕竟北京是首都，又是国际大都市，包括我也是这么觉得的，基本上来自我们革命老区的孩子应该都是这样觉得的吧。而且我爸妈也希望我留在北京，我也想在北京生活下来，毕竟北京的各种条件都比较好。就算不为自己考虑，也要为下一代考虑啊。

问：您觉得个人意愿和家庭情况哪个因素在您选择大学时对您的影响更大？

答：家庭情况吧。因为我觉得北京很好，也是家庭环境所熏陶的。家里人都觉得北京不错，所以我从小也就觉得北京很好，所以在选择大学的时候就首选北京了。个人意愿方面是有一点儿影响，但这个主要是体现在选择了北京之后，在选择具体的学校方面，个人意愿的影响比较大一点儿。

问：那您在接受高等教育的过程中，有没有发生家庭的流动呢？

答：我爸妈偶尔会来北京看看我。我到了大三大四的时候，女朋友也会来看看我。

问：那您父母一般会在北京待多久呢？

答：也就两三天就回去了。因为我的学业非常紧张，我本身学的是通信专业，但我又辅修了经济管理的双学位。

问：您为什么会选择辅修经济管理的学位？

答：我觉得吧，如果以后只凭我的通信专业无法找到一个好的工作的话，或许这个学位还有一点儿用吧，而且现在公司不都比较看重学位嘛！如果你有两个学位的话，我相信应该能够更容易找到工作。当时就觉得自己大三、大四的空闲时间也不算少，干脆就选择辅修个经济管理学位，现在不都经管热嘛！

问：您的选择很有前瞻性啊！您的受教育情况和家庭条件哪个因素对您找工作起到了重要影响呢？

答：我觉得是家庭条件吧。我是去年毕业找工作的，首先跟爸妈商量一下，工作肯定是要在北京找的，都已经出来了就不打算再回去了，而且北京虽然环境差一点儿，但是各种生活条件还是很好的，我在这边生活了 4 年之后就不想再回南昌了。既然工作地方定了，那具体工作岗位方面，我找了一些，我爸也帮忙找了一下，当时有看中了很多，不过后来决定了这个。第一是因为这个单位比较好进，第二就是可以解决户口问题，这在北京已经是很难了。确定了之后，当时就说第一轮要考试，考那些公务员考的内容，行测、申论这些东西。我爸就让我先去考，先通过笔试再说。考进去了发现就只有两个本科生，其他都是硕士生，后来也顺利地通过了面试。我现在已经工作一年了，想想时间过得也真是很快！

问：哪些因素影响了您的职业选择呢？

答：我觉得首要的因素就是单位的福利，就是我之前所说的现在这个单位可以解决应届生的户口问题，当时选择这个职业很大的因素就是这个。其次就是北京这个地方吧，当我选择读大学的时候，就决定毕业后要在北京留下，不打算回老家去了，或许这就是问卷里面说的地区吸引力吧。

问：那您觉得高等教育在这其中起到了什么作用？

答：我觉得很重要，因为如果我不读大学的话，肯定就不能找到现在这个工作。而且现在的单位只给大学应届本科生解决户口，如果我不读书的话，肯定就没有办法落户。另外，我现在找的这个工作也和我的专业很对口，所以我觉得上大学，接受高等教育在我找工作的过程中还是起到了很大的作用的。

问：请问您在这次就业后是否产生了家庭流动呢？

答：如果之前那些不算家庭流动的话，那在这个阶段也没有产生家庭流动。不过我女朋友决定来北京读研了，并且打算以后就在这边生活了。

问：女朋友不属于稳定的家庭成员吧？

答：我们现在已经结婚了。在我毕业工作后一个月左右吧，我老婆，当时是我的女朋友，为了跟我一起在北京生活，她考上了北京交通大学的研究生，所以我们就在北交大那边租了个房子，就算提前适应生活吧。

问：那您觉得她的流动与您的职业类型、工作性质、经济收入水平关系密切吗？

答：我觉得这跟我的职业类型、工作性质关系不算密切，因为无论我找什么样的工作，她都会过来，区别就是以后的生活过得怎么样的问题。这跟我的经济水平有关系，但也不算密切。因为我觉得她会过来，第一就是要生活在一起，所以她当初就因为我，选择考研到北京来了，所以我觉得她产生流动跟我的职业关系并不密切。

问：那您父母或是您爱人父母的流动意愿呢？

答：这个就是要看我的收入状况和我爱人毕业之后工作情况了吧。我觉得应该会是正比的关系。因为赚的钱多了才会有来北京的意愿，不过现在也要看情况了，因为我妈和她妈可能会先过来。

问：为什么？

答：因为我们有孩子了。

问：也就是说双方家长大概下半年会过来？

答：差不多吧，那个时候她也差不多要生了，而且学校那边也不用上课了，就在家里面好好待着。我妈和她妈应该只会来一个，来这边照顾她，顺便看看这个家。到时候我们就不住在这边了，我们打算在丰台买房子，以后估计就会在丰台那边养胎吧。

问：那么孩子出生之后，您父母或您爱人的父母也会流动过来吧？

答：肯定会。因为她生完之后也要毕业了，正好去找工作，到时候就没有人带孩子了。所以我爸妈和她爸妈肯定会过来，帮我们照顾小孩儿。

问：您觉得在您已经完成的家庭流动和将来可能会发生的家庭流动中，什么是主要影响因素呢？

答：个人工资，毕竟经济基础决定上层建筑，我觉得有钱还是很有用的。其次就是北京这边的教育条件。我争取北京的户口就是为了下一代的教育和培养，我没有接受到很好的基础教育，以至于在我的学习和成长经历中走了很多的弯路。但我要让我的孩子从一出生就能接受优质的教育，至少不能让他输在起跑线上。我想下一代的抚养和教育，应该也是影响家庭流动的一个重要的因素。

问：那您觉得接受高等教育在您的家庭流动中起到多大的影响作用呢？

答：能占到 75% 吧，我觉得接受高等教育在我的家庭流动中影响很大。因为只有我上了大学才能找到一份好工作，找到好的工作才能有户口，下一代的一些相关问题也才能够得到解决。如果没有接受高等教育，你就很难在北京找到好工作，就算你在这边安家了，迟早也是要回去的。所以我觉得接受高等教育在家庭流动中应该是一种决定性的作用吧，可以确保你能够持续地在这个地方一直待下去，不会中途就回去。

访谈记录 25（男性）

问：您的年龄是？

答：35 岁。

问：您的籍贯是？

答：我的籍贯是江苏徐州。

问：您目前的生活和工作所在地是？

答：在北京。

问：您的户口性质是？

答：我是非农业户口，在我工作后，工作单位帮我解决了户口，所以现在户口落在北京。

问：您的住房情况是？

答：我是自己买的房。

问：您有几个兄弟姐妹？

答：我家里还有两个弟弟，现在他们一个也来北京了，另一个在南京工作。

问：您的职业及工作性质是？

答：我在北京的一家国企上班。

问：您的工作年限是？

答：已经工作十多年了。

问：您的平均月收入是？

答：12000 元左右吧。

问：您的学历是？

答：硕士学历。

问：请问您是哪年参加高考的？

答：我是 1998 年参加高考的。

问：您高考时父母的职业、文化程度、家庭年收入（家庭经济状况）是怎样的？

答：我父亲是大学本科学历，在事业单位工作；我母亲是高中毕业，在一家国企工作。那会儿我们家的经济情况属于中等偏上一点儿吧。

问：您就读的大学在您的籍贯地吗？

答：不在，我在上海财经大学读的本科。

问：那您当时为什么会选择去上海读大学，而不选择离家比较近一点儿的南京呢？

答：我当时觉得，读大学就想去一个大一点儿的城市，毕竟好学校都在大城市嘛，然后我高考考得也不错，在选择城市的时候，我爸妈都蛮喜欢上海这座城市的。我上大学前也去过上海，挺喜欢上海的，尤其喜欢它的繁华、热闹、有活力，国际化大都市对我的吸引力比南京要大很多。那个时候也想着等大学毕业以后就在上海找个工作留在那儿，所以就选择去上海读书了，根据分数选择了上海财经大学这个学校的。说到南京，就是我个人觉得南京没有上海好吧，南京虽然在江苏算个省会城市，但我总觉得它发展得不是特别好，你看现在在江苏，南京只能排上第三、第四的样子。

问：那您本科毕业后就工作了吗？

答：事实上没有，我毕业后就到北京读硕士了，因为在上海待了四年，也够久的了，就想着去首都北京看看。从小就受教育说北京是首都，也是大城市，天安门、故宫、长城什么的，觉得北京很好，比上海也好多了，所以就想着读硕士到北京看看，要是能留在北京也是件不错的事情，所以就决定来北京读研究生了。

问：能否追问一下您当时为什么会选择读硕士呢？我觉得以您的学历在上海也能找到一份很不错的工作吧？

答：你说得对！但我就觉得如果只读了本科的话，还是有点儿不够好、不够圆满，不如干脆就一口气读完。

问：那您硕士毕业后又继续攻读博士学位了吗？

答：这倒没有，当时感觉读博士不太值，而且想想家里孩子们当中就我最大，总不能老让父母供着吧，所以就想着先出来找个工作，干个几年后再回去读个博士镀层金。等后来工作了，就发现自己根本不想再读书了，也就算了。

问：您觉得您这两次选择异地接受高等教育，什么因素对您的影响最大？

答：我觉得首先还是这个地区吸引力吧！毕竟上海、北京都是大城市，都是我比较想去，我家人也很想去的地方。大城市的各种生活条件都很好，让我见了世面，而且就算我混不下去了，回到家乡也可以生活，毕竟我也是在大城市混过的人。我觉得没有人会不想在大城市待上几年吧！年轻的时候总得在外面闯闯，不能总待在自己的地盘儿里面，要不然生活就没有多大的意思了。其次就是个人职业发展的规划。我当时无论是去上海读书，还是去北京读书，都是抱着将来要留在那儿，在那儿找工作的心态去的，所以既然要去别的地方找工作，肯定就要去个大城市，北京、上海的就业机会多，而且找到工作后发展的潜力和空间也很大。当然这个独立的学习生活空间也是有影响的，毕竟在父母身边待了这么多年，总想着离他们远一点儿，感受一下自己一个人生活的状态。

问：那您在接受高等教育的过程中，有没有产生家庭流动呢？

答：没有。爸妈弟妹临时来看我，这个应该不算吧？

问：这种临时性的探望不算家庭流动。您在本科和硕士的时候读的是什么专业？

答：都是新闻学专业。我当时就觉得上海财经大学毕业的新闻专业的学生在上海应该找不到什么好的工作，上海财经毕业的应该都是学经济的，哪儿有学新闻的！所以我就来北京读硕士了，觉得工作会好找一点儿。

问：您觉得在职业选择过程中，是否受到了专业或是其他因素的影响呢？

答：专业肯定是有影响的。专业对口这个因素我觉得还是很重要的，我们新闻专业的毕业生最开始也就是去报社当苦力，要不然这几年学习的知识就什么用都没有了。所以我觉得专业的影响应该是最大的。其他因素的话，我觉得个人性格的影响也比较大，像我这种话比较多的，就适合去报社跑跑，那个时候一天下来回到宿舍连嘴都不愿意动，累死了，不过还是很开心的，所以我觉得个人性格在找工作的时候还是会影响到你。当然这个地区吸引力就不用说了，之前也说过就是觉得北京好，才选择留在北京工作，而不回上海或是江苏，而且北京这个地方发展得很快，无论什么行业都有很大的发展空间。

问：对您而言，在您择业的过程中，您的受教育情况和家庭条件哪个占主导地位呢？

答：必然是我的受教育情况。因为我当时觉得自己在北京也读了几年书了，已经习惯这个城市的生活环境和生活方式了，回到老家反而不见得能适应，所以就想着一定要留在北京。而且当时我的工作单位承诺，两年之内就能解决北京户口，这么好的机会，那干嘛不干脆直接留在北京呢！所以我觉得在择业方面吧，受教育情况的影响程度会更大一点儿，至少从我的经历上看是这样的。

问：那您的初次产生家庭流动是在什么时候呢？

　　答：是在我工作几年后吧，2010 年的事儿。那个时候，我弟弟说也要来北京找工作，因为我在北京，互相之间能有个照应。我说正好，因为那个时候我已经不住宿舍，自己有房子了，那就干脆住我这儿。所以我弟弟就来了。

　　问：您是先买房后结婚吗？

　　答：哦，那就不对了，顺序有点问题。让我想想啊，应该是 2008 年的事儿，那个时候我和我老婆就商量要结婚了，因为我在北京啊，所以就跟她商量把原单位辞了，来北京重新找工作，跟我把婚结了，顺便再买个房。后来她就先流动过来了，我们两家一起在这边买了一套房子，她也在附近找个工作，我们俩总算是在北京安定下来了。再后来我弟弟就来了，在我们家住了半年吧，然后就搬出去了。

　　问：那您母亲是什么时候来北京的呢？

　　答：前年。小孩子出生之后，她就过来照顾孙子了。不过这几个月又回去了，换成我老婆她妈来了。不过我妈来比较方便，可以在我这边住，也可以上我弟那边住段时间，反正我们家在北京生活的也不止我一个人。

　　问：那您父亲有来过吗？

　　答：来是来过，不过没有我妈待的时间长。孩子刚出生那会儿，我爸来这儿住了有半个月吧，就回去了。后来又跟我妈来过一次，再后来就没怎么来了。

　　问：那您父母未来有考虑一起搬来北京长期居住吗？

　　答：有过这个考虑。不过毕竟我还有个弟弟在南京工作呢，我爸应该还是会长期待在南京的，而且我爸就是觉得北京没有南京好。

　　问：那你们全家人以后就不会回徐州了吧？

　　答：是的，我们家徐州的房子已经卖了。现在我爸妈和我南京的弟弟住在一起，我和我老婆在北京工作生活，另一个弟弟在北京住在他的宿舍里，我妈会定期地来北京看看我和弟弟，再帮我带带孩子。

　　问：您觉得您家庭成员的流动与您的职业类型和质量、经济收入水平关系密切吗？

　　答：我觉得关系蛮大的。没有一定的经济收入做保证，怎么能随随便便就在北京安家呢！我弟没有把女朋友接过来，就是觉得让她住宿舍还是有点儿不好，虽然宿舍比较大，但无论怎么样，要产生这种家庭流动，经济收入一定是基础。

问：您觉得您接受高等教育在影响您家庭成员的流动过程中占到多大的比重？

答：差不多75%吧，我觉得还是很重要的。我当时觉得我在哪里上学，我就干脆在那儿找个工作，如果工作还不错的话，就直接留在那儿生活了，等过上几年再把家里人全部都接过来，所以我觉得对我来说高等教育的影响还是蛮大的。余下的25%是因为，其实有时候这种家庭流动的产生，或许不完全是因为高等教育，而只是因为这边的环境好，或是能在别的地方找到更好的工作，也就流动到那儿了，它有一种地区吸引力和职业发展机遇的因素在里面。所以我觉得，我接受高等教育对于我家人流动的影响的确是比较重要的，但是还没有到百分之百的程度吧。

访谈记录 26（男性）

问：您的年龄是？

答：28岁。

问：您的籍贯是？

答：青海省。

问：您目前的生活和工作所在地是？

答：北京市。

问：您的户口类型是？

答：城市户口，非农业户口。

问：您的住房情况是？

答：自己租房子。

问：您有几个兄弟姐妹？

答：我是独生子，没有兄弟姐妹。

问：您的职业及工作性质是？

答：金融行业的从业人员。

问：您的工作年限是？

答：我工作5年多了。

问：您的平均月收入是？

答：10000 元左右。

问：您的学历是？

答：大学本科。

问：您所接受的高等教育类型及获得该学历的学校所在地是？

答：就是在北京。

问：您是哪年参加高考的？

答：2005 年。

问：您高考时您父母的职业、文化程度、家庭年收入（家庭经济状况）是怎样的？

答：我父母都是公务员，我父亲是硕士毕业，母亲是本科毕业，家庭收入一般吧。

问：您就读的大学在您的籍贯地吗？

答：不在，我的籍贯是青海，但在北京上大学。

问：您在选择大学时哪些因素对您起到影响（如个人理想、家庭经济水平、学习成绩、地区吸引等），其中最重要的影响因素是什么？

答：父母的建议、学校的教学环境、当地的交通、饮食和气候吧，都影响了我的选择，最重要的是父母的意见。

问：在您接受高等教育的过程中，是否产生了家庭流动？例如陪读。

答：没有。

问：您在接受高等教育的过程中在哪些学校学习过哪些专业？

答：我学的是金融学。

问：您认为您在找工作的时候，哪些因素影响了您的职业选择？

答：收入、发展潜力、单位的发展背景都有影响。

问：您的受教育情况和家庭条件哪个占主导地位？

答：我觉得后者的影响比较多。

问：您的工作地点和接受高等教育的地点是否一致？为什么？

答：目前来说是一致的，都在北京。

问：您选择留在北京工作最主要的影响因素是什么？

答：主要是家庭意愿吧，我的父亲母亲不愿意我留在青海，还是想让我出来闯一闯；另一方面，金融专业的学生不适合在青海发展，还是要在经济发达的大城市，比较能闯出一片天地。

问：您的初次家庭流动是在何时产生的？是接受高等教育时、毕业后、还是工作稳定后？是在毕业多久后产生的家庭流动？

答：我的初次家庭流动就是在今年年初，我有了孩子，母亲过来给我带孩子，在我毕业后的第四年。

问：这些家庭成员的流动与您的职业类型性质、经济收入水平关系密切吗？

答：我觉得还是有很大关系的。

问：您觉得是否职业质量越高，家庭流动的意愿越强烈？

答：这个观点我同意。有了更牢固的经济基础，才能产生家庭流动。

问：您的家庭流动是否完成？

答：还没有完成。

问：在流动过程中，具体是哪些成员跟随您流动的？在什么情况下流动的？流动的步骤是怎样的？

答：我母亲先跟随我流动过来，主要是为了过来帮我带孩子。

问：影响您家庭流动的主要因素有哪些？

答：我觉得首先是家庭的具体情况吧，其次是我工作的经济收入情况。

问：高等教育在其中占了多大的比重？

答：我觉得占 50% 左右吧，还是起到了很重要的影响的，是我产生家庭流动的基础吧。

访谈记录 27（男性）

问：您的年龄是？

答：48 岁。

问：您的籍贯是？

答：祖籍湖南。

问：您目前的生活和工作所在地是？

答：深圳市。

问：您的户口类型是？

答：非农业户口。

问：您的住房情况是？

答：自己买了两套房。

问：您有几个兄弟姐妹？

答：我有一个弟弟。

问：您的职业及工作性质是？

答：商人。

问：您的工作年限是？

答：差不多 25 年了。

问：您的平均月收入是？

答：100000 元左右。

问：您的学历是？

答：本科。

问：您所接受的高等教育类型及获得该学历的学校所在地？

答：中山大学。

问：您是哪年参加高考的？

答：1988 年。

问：您高考时父母的职业、文化程度、家庭经济状况是怎样的？

答：那个时候我父母都是农民，我们家的家庭收入非常低，家里非常贫苦。

问：您就读的大学在您的籍贯地吗？

答：不是，我是湖南人，在广州中山大学读的本科。

问：您在选择大学时哪些因素对您产生了影响？例如个人理想、家庭经济水平、学习成绩、地区吸引力等，其中最重要的影响因素是什么？

答：最主要的是个人理想。就像之前跟你说的，我们家的经济条件还是挺困难的，父母都是农民，也没有啥大的本事。我印象特别深，小时候看父母去田里干活，特别辛苦，有时候累得直不起腰，我发誓将来一定要通过读书改变命运，不要像他们一样受苦受累，一年下来还挣不了几个钱。我觉得只有考上大学，我的人生才能有希望，那是我唯一的出路。

问：个人意愿和家庭情况哪个对您在选择大学时的影响更大？

答：用今天的话说，我不是富二代、官二代，拼爹的结果就是回家种田，只能不靠父母靠自己。所以对我来讲，是没有退路的，就算再苦再难，也得逼着自己通过努力闯出一片天。爸妈总有老的时候，我又是家里的大儿子，得能撑起这个家，成为家人的依靠。考大学、接受高等教育，不仅改变了我的命运，也改变了我家人的命运。

问：在您接受高等教育的过程中，是否产生了家庭流动？例如陪读。

答：没有，陪读都是有钱人家的孩子才能享受到的待遇，我们家没那条件。

问：您在接受高等教育的过程中在哪些学校学习过哪些专业？

答：我在中山大学读的经济学专业。

问：您认为您在找工作的时候，哪些因素影响了您的职业选择？

答：主要就是从事这份工作提升了我的发展潜力和薪资水平，因为当时我家的经济情况实在是太低迷了。

问：在您找工作时，您的受教育情况和家庭条件哪个因素占主导地位？

答：我觉得是受教育情况起到了决定性作用吧，我家的条件在我找工作的时候帮不上半点儿忙。

问：您的工作地点和接受高等教育的地点是否一致？为什么？

答：前几年是一致的，后来我就来到了深圳，因为深圳很适合创业，它毕竟是大城市，对创业者也有很优惠的政策，感觉自己在深圳比较有发展空间吧。

问：您从上学地到初次工作地的过程中，是否产生了家庭流动？

答：没有产生。

问：您的初次家庭流动是在何时产生的？是接受高等教育时、毕业后、还是工作稳定后？是在毕业多久后产生的家庭流动？

答：初次家庭流动是把我的太太接到了深圳，在我毕业五年左右吧。

问：这些家庭成员的流动与您的职业类型、收入水平关系密切吗？

答：我觉得这个是必然的。

问：您觉得是否职业质量越高，家庭流动的意愿越强烈？

答：我觉得是的。

问：您的家庭流动是否完成？

答：基本已经完成。

问：流动过程中，具体是哪些成员跟随您流动的？在什么情况下流动的？流动的步骤是怎样的？

答：太太跟我流动过来，然后是其他家人，我的父母还有我弟弟，父母年纪大了，种不了田了，让他们过来跟着我享享清福。

问：影响您家庭流动的主要因素有哪些？

答：工作的收入状况、工作的稳定程度。

问：高等教育在其中占了多大的比重？

答：大概占据了 90%，如果没有接受高等教育，我就很难改变我和我家人的命运，说不定我这会儿还在家里种田呢。

访谈记录 28（男性）

问：您的年龄是？

答：45 岁。

问：您的籍贯是？

答：湖南省。

问：您目前的生活和工作所在地是？

答：北京。

问：您的户口类型是？

答：非农业户口。

问：您的住房情况是？

答：已经在北京买房了。

问：您有几个兄弟姐妹？

答：我有一个弟弟，一个妹妹。

问：您的职业及工作性质是？

答：算是商人吧。

问：您的工作年限是？

答：有 20 多年了。

问：您的平均月收入是？

答：30000 元左右。

问：您所接受的高等教育类型及获得该学历的学校所在地是？

答：我是在北京上的大学。

问：您是哪年参加高考的？

答：1990 年。

问：您高考时您父母的职业、文化程度、家庭年收入（家庭经济状况）是怎样的？

答：我的父母都是老家的中学教师，文化程度都是高中，家庭年收入一般。

问：您就读的大学在您的籍贯地吗？

答：不是，我离开湖南到北京上的大学。

问：您在选择大学时哪些因素对您起到影响（如个人理想、家庭经济水平、学习成绩、地区吸引等），其中最重要的影响因素是什么？

答：我当时就一个想法，考上一个好大学，给我家里争光，因为我们家一直没出过一个大学生，就一股脑儿地想着考大学了，算是个人理想因素比较重要吧。

问：您在接受高等教育的过程中，是否产生了家庭流动？例如陪读。

答：没有。

问：您在接受高等教育的过程中在哪些学校学习过哪些专业？

答：我当时学的是化学。

问：您认为您在找工作的时候，哪些因素影响了您的职业选择？

答：我刚开始找工作的时候，正好赶上国家不包分配了，就是不给大学毕业生直接分配工作了，我父母希望我找个稳定点儿的工作，于是当时我就留在了一个国企，但后来企业倒闭了，我就出来开始自己做生意。

问：您的受教育情况和家庭条件哪个占主导地位？

答：我觉得还是受教育情况吧。

问：您的工作地点和接受高等教育的地点是否一致？为什么？

答：是一致的，我毕业后一直待在北京，因为熟悉这个地方了嘛，又是首都，能享受到很多国家的优惠政策。

问：最主要的影响因素是什么？

答：最主要的因素还是因为对这里熟悉了，有了一定的人脉资源，有利于我后来的创业。

问：您从上学地到初次工作地的过程中，是否产生了家庭流动？

答：没有产生。

问：您的初次家庭流动是在何时产生的？是接受高等教育时、毕业后、还是工作稳定后？是在毕业多久后产生的家庭流动？

答：初次家庭流动是把我的弟弟妹妹接过来了，在我工作稳定后三年左右。

问：这些家庭成员的流动与您的职业类型、收入水平关系密切吗？

答：还是有关系的。

问：您觉得是否职业质量越高，家庭流动的意愿越强烈？

答：这个也是有关系的，因为职业质量越高，收入越高，就能有足够的资金促进家庭流动。

问：您的家庭流动是否完成？

答：现在已经完成了。

问：在流动过程中，具体是哪些成员跟随您流动的？在什么情况下流动的？流动的步骤是怎样的？

答：首先是我的弟弟妹妹跟我一起过来，在这里安家立业了。然后我把父母一起接了过来。我成家比较晚，我爱人就是北京本地人。

问：影响您家庭流动的主要因素有哪些？

答：家人团聚的感情需要、经济条件等都是影响因素，很难单独说我的家庭流动是受经济因素还是情感因素的影响，应该是两者都有吧。

问：高等教育在其中占了多大的比重？

答：大概占到了 80% 吧，如果不是在北京接受高等教育，我可能也不会来到这个城市，我的家庭流动也就无从谈起了。

访谈记录 29（男性）

问：您的年龄是？

答：25 岁。

问：您的籍贯是？

答：安徽。

问：您目前生活和工作所在地是？

答：北京。

问：您的户口类型是？

答：非农业户口。

问：您的住房情况是？

答：刚刚买房。

问：您有几个兄弟姐妹？

答：这个问题说起来有点复杂，在我上小学的时候我的亲生父母就离婚了，我妈妈是农民，我爸爸是一个事业单位的处长。离婚后我妈没有改嫁，至今为止还是自己一个人生活，我爸爸跟我现在的继母结婚了，我继母也是离异的，还带着两个她前夫的女儿。当时我归我爸爸抚养，因为他有比较充足的经济来源可以养活我，这样我们就组建了一个新的家庭。所以，从法律意义上来讲，我应该是有两个非血缘关系的妹妹。但从血缘关系上讲，我没有亲生的兄弟姐妹。

问：您的职业及工作性质是？

答：国家公务员。

问：您的工作年限是？

答：到目前为止工作 3 年了。

问：您的平均月收入如何？

答：5000 元左右吧。

问：您的学历是？

答：大学本科。

问：能否介绍一下您的专业和学校所在地？

答：我大学是在安徽师范大学读的，专业是生物。

问：您是哪年参加高考的呢？

答：2008 年。

问：您参加高考的时候父母的职业是什么？

答：爸爸在事业单位，妈妈是农民。

问：他们的文化程度呢？

答：爸爸是本科，妈妈是高中毕业。

问：您高考时家庭收入水平是什么样的？

答：就中游水平吧。

问：您就读的大学在您的籍贯所在地吗？

答：是的。

问：您在选择大学的时候哪些因素对您产生了影响？

答：选大学的时候家庭对我没有什么影响，我妈妈是农民，不懂985、211大学之类的，我爸爸给了我一些参考意见，但最终都是由高考成绩决定的，基本上都是个人努力的结果，家里在选择大学这件事上没有过多的参与。可能单亲家庭的孩子独立得比较早吧，从小到大很多事情都是我自己做主的。

问：那上大学以后有没有产生家庭流动呢？比方说陪读。

答：没有，因为我本身就是在户籍所在地读的大学，所以没有陪读。

问：哪些因素影响了您的职业选择呢？

答：因为家里经济条件一般，父母又离异，坦白讲我不想再在安徽工作，想着能离家远一点儿，找一份稳定的工作。可能也是我比较幸运吧，当时报名了国考，意外地考上了国家公务员，就直接来北京工作了，户口也就自然地落在北京了。如果非得说明哪些因素影响了我的职业选择，我认为是家庭情感和个人意愿两方面吧，我还是比较喜欢公务员这类稳定的工作。

问：您从上学地到初次工作地转换的过程中，是否产生了家庭流动？

答：我妈妈流动了。我没有换过工作，在这个岗位上已经工作了三年，有了北京户口就可以买车买房了，经济条件方面也比较稳定，感觉一切都比较有保障吧。我现在买了房子，已经把我妈妈接过来住了。

问：那么您的初次家庭流动就是在工作稳定后开始的？

答：是的。我在上学阶段一直没有出现过家庭流动，爸爸妈妈都在家里做自己的事情，再说我上学的地方离家也不远，也没必要带动家庭流动。现在工作了一段时间也处于比较稳定的状态，我买了房子，爸爸有自己新的家庭不用我操心。妈妈一个人在老家，身体不是很好，我也不想再让她那么辛苦地种田了，干脆就接她过来跟我一起过好了。小的时候我虽然是跟着爸爸一起生活的，但我跟妈妈的感情更深。爸爸虽然给了我很多经济上的支持，但仍然难以弥补我记忆中缺失的母爱。现在妈妈老了，我希望有更多的时间陪伴她，好好尽尽孝。

问：那您觉得您家庭成员的流动与您的工作性质和收入水平关系密切吗？

答：我觉得非常密切，或者说就是我的工作性质和收入水平决定了我的家庭成员流动。首先我得在北京工作，有北京户口，然后有稳定的经济收入才能在北京买房子。有了这些条件，我才能把我妈妈接过来跟我一起生活，所以对我来说，我的工作性质、收入与家庭成员的流动是非常密切的。

问：您觉得您目前的家庭流动是否完成了？

答：应该说还没有全部完成吧。我爸爸跟我一起生活不现实，妈妈已经完成了流动，接下来就是我女朋友了。她现在在青岛读研究生，马上就要毕业了，毕业后也打算来北京找工作，等她稳定下来，我们结婚后生活在一起，应该才可以说我的家庭流动完成了吧。

问：您认为接受高等教育在引起您家庭流动的过程中占到了多大的比重？

答：我认为高等教育的影响可以占到45%吧，工作情况可以占到55%。在我的家庭流动过程中，工作是最重要的影响因素。但是如果我没有接受高等教育就没有参加公务员考试的资格，或者说即使有资格可能也考不上。所以说接受高等教育对我的工作选择、人生发展轨迹及家庭流动的情况都发挥了根本性的作用。

访谈记录 30（男性）

问：您的年龄是？

答：我今年28岁。

问：您的籍贯是？

答：山东聊城。

问：您目前生活和工作所在地是？

答：北京。

问：您的户口类型是？

答：非农业户口。

问：您的住房情况是？

答：目前在北京租房。

问：您有几个兄弟姐妹？

答：我是独生子女，家里就我一个孩子。

问：您的职业及工作性质是？

答：我在建行总行工作。

问：您的工作年限是？

答：差不多有三年了吧。

问：您的平均月收入如何？

答：现在差不多每月 9000 元吧。

问：您的学历是？

答：硕士研究生。

问：能否介绍一下您的专业和学校所在地？

答：没问题，我大学本科是在北大念的经济，硕士是在中国政法大学念的法律。

问：您是哪年参加高考的呢？

答：2006 年。

问：您参加高考的时候父母的职业是什么？

答：爸爸是大学教授，妈妈是国家公务员。

问：他们的文化程度呢？

答：他们都是硕士毕业。

问：家庭收入水平是什么样的？

答：中上水平吧。

问：您就读的大学在您的籍贯所在地吗？

答：不是，我的祖籍是山东，在北京接受的高等教育。

问：您在选择大学的时候哪些因素对您产生了影响？

答：我认为我的个人意愿占主导吧，当然我家里也给了我很多参考。因为我爸爸是教育口的，所以对全国大学的情况都比较了解，我妈妈在清华大学念的本科和硕士，所以她对北京的教育情况也很了解。我祖籍虽然是山东，但我在成都念到高中毕业。我在成都七中念的高中，那是一所非常好的高中，所以我的高考成绩也很理想。我对数字非常敏感，在家里的鼓励和自己的努力下考到了北京大学念经济。

问：那您上大学以后有没有产生家庭流动呢？比方说陪读。

答：算是吧。我家只有我一个孩子，我们三口人的感情非常好，他们都非常疼爱我。在我读书期间，虽然我爸爸妈妈都在西藏自治区工作，但他们只要有机会就会申请进修或者工作调动，来北京跟我生活。比方说在我大二的时候，我妈妈就借调到北京半年，前段时间我爸爸也通过申请进修在北京待了大半年。利用有这个便利条件顺便过来照顾我。但长久地搬过来跟一起我生活是不太可能的，毕竟他们在西藏有他们自己的工作和生活。可以说，我的初次家庭流动是在上大学的时候产生的。

问：哪些因素影响了您的职业选择呢？

答：主要还是我的个人意愿，家里没有帮到我任何忙。我的家庭比较讲求自由民主，父母相信我有自主判断的能力，他们不会干预或限制我必须朝着什么方向发展。总体上来说他们是很支持我的。我毕业之后就是参加校园招聘，建行总行来招聘时我就投了简历。我很喜欢经济，也喜欢跟数字有关系的工作，建行给了我 offer，我就来了。

问：那从您大学毕业到初次工作这个场域的变化之间，是否产生了家庭流动呢？

答：在我工作过程中，家人也会定期地过来看我，现在也正考虑在北京买房子，准备结婚生子用。

问：那您觉得您家庭成员的流动与您的工作性质和收入水平关系密切吗？

答：我觉得一般吧，不是非常密切，因为我在上学的时候他们也常常会流动过来。至于他们退休后是否会跟我长期在北京生活，这个我现在说不好，毕竟他们还没有退休，我也还没有成家。但有一点是不可否认的，他们会随着我的流动而流动，即使不会长期跟我生活在北京，但是定期的家庭流动还是会有的，毕竟家里就我一个孩子，家人还是想要生活在一起的。

问：您认为接受高等教育在引起您家庭流动的过程中占到了多大的比重？

答：我认为接受高等教育可以说占了非常大的比重，应该可以达到 80% 吧。正是因为我在北京读书，毕业后在北京找到一份有户口的工作，才能继续在北京生活，父母才会因为我而定期流动到北京，以及准备给我在北京买房。如果我没在北京接受高等教育，这些都是不可能发生的。

访谈记录 31（男性）

问：您的年龄是？

答：我 25 岁。

问：您的籍贯是？

答：我是河北唐山人。

问：您目前生活和工作所在地是？

答：北京。

问：您的户口类型是？

答：非农业户口。

问：您的住房情况是？

答：我现在是租房住，正准备买房呢。

问：您有几个兄弟姐妹？

答：我家只有我一个孩子。

问：您的职业及工作性质是？

答：我在银行工作。

问：您的工作年限是？

答：差不多快两年了。

问：您的平均月收入如何？

答：不多，6000 元左右吧。

问：您的学历是？

答：硕士。

问：能否介绍一下您的专业和学校所在地？

答：我本科是在四川大学读的档案学，然后硕士在英国格拉斯哥大学读人力资源管理。

问：您是哪年参加高考的呢？

答：2008 年。

问：您参加高考的时候父母的职业是什么？

答：父母都是事业单位职工。

问：他们的文化程度呢？

答：父母都是大学本科。

问：家庭收入水平是什么样的？

答：中上游水平吧。

问：您就读的大学在您的籍贯所在地吗？

答：不是。

问：您在选择大学的时候哪些因素对您产生了影响？

答：我们当时是先高考，然后估分，再按估的分数报志愿。我当时自己估分后想报北师大，我爸妈觉得我考不了那么高的分数，但我有一个很厉害的叔叔，他给好多孩子报过高考志愿，而且每次都报得特别准。我爸妈跟这个叔叔讨论后，给我报了四川大学。最后事实证明，当时我如果报了北师大成绩也够，就是我爸妈不信任我。如果这么看的话，我考大学这事儿，家里的干预还是起到了很大的影响，我的个人意愿并没起到太大的作用。

问：那您上大学以后有没有产生家庭流动呢？比方说陪读。

答：没有，我父母都有固定的工作，每天都得上下班，没时间来我这儿陪读。而且我身体健康，有自理能力，也不需要父母陪读。至于家庭流动，虽然我爸妈有时出差开会之类的会来成都，但也都是工作需要，不是特意为了照顾我。出差最多也就五六天，工作结束后就回去了，所以算不上是家庭流动吧。

问：哪些因素影响了您的职业选择呢？

答：我女朋友是北京人，我也想留在北京工作。我在英国念的硕士，北京对于有海外学位的留学生在落户和买车上有一定的优惠政策。我拿着海外的文凭在北京找工作，在这种情况下银行比较好落户，直接就选了银行，在北京没有户口就别想生活。所以，在我选择职业的过程中，拿到北京户口是第一位的，这是最主要的标准和影响因素吧。

问：那从您大学毕业到初次工作这个场域的变化之间，是否产生了家庭流动呢？

答：我觉得应该是产生了家庭流动吧。我毕业后一直在银行上班，目前在单位附近租了一套一室一厅的房子。我家就我一个孩子，爸爸妈妈、姥姥姥爷想我的时候就会来我这儿看我，陪我待几天，但也不是很频繁，大概也就三个月一次吧，每次待个三天左右。毕竟河北离北京很近，说来就来说走也就走了，开车三个多小时就到了。

问：那么您的初次家庭流动就是在工作稳定后开始的？

答：可以这么说，不能算稳定吧，就是工作后就开始了。

问：那您觉得您家庭成员的流动与您的工作性质和收入水平关系密切吗？

答：我觉得有一定的关系吧，不过到目前为止影响不大。我现在还没成家，属于一人吃饱全家不饿的状态，每个月的工资也够正常生活，房租、吃饭、娱乐之类的都是够的。我家里的经济条件还不错，所以我家人想过来跟我待一段时间就来了，与我的工作性质和收入水平没太大关系。但跟我的住房情况有关，因为我现在租房了，我家人才能过来陪我住一段时间，如果我以后买房了，他们待在北京的时间可能更长吧。

问：您认为您家庭成员有长期跟您流动到北京的打算吗？进一步家庭流动的步骤是怎样的呢？

答：我认为长期流动到北京的可能性不大。毕竟北京的生活压力很大，空气也不好，父母退休后北京也不适合养老。老家离北京又不远，他们来看我或我回家看他们都很方便，没必要一大家子人都挤在北京一个小房子里生活。不过等我结婚有孩子的时候，他们可能会跟我来北京长住吧，毕竟我和我女朋友都是独生子女，我们上班都很忙，也没那么多时间在家带孩子。可能今后两家的老人会过来帮忙带孩子，家庭流动的时间也会延长吧。

问：您认为接受高等教育在引起您家庭流动的过程中占到了多大的比重？

答：我觉得能占 60% 的比重吧。毕竟我在英国拿的硕士学位，在北京找到有户口的工作好像有些优势，在北京稳定下来之后父母才有可能流动过来。之所以还剩下 40%，是因为如果我不接受高等教育，我也可能会来北京或者是到别的城市，父母只有我一个孩子，所以他们肯定也会跟我到其他城市生活。对我来说，家庭凝聚力也是引起家庭流动的重要因素。

访谈记录 32（女性）

问：您的年龄是？

答：35 岁。

问：您的籍贯是？

答：籍贯是辽宁。

问：您的户口性质是？

答：我是非农业户口。

问：您目前的生活和工作所在地是？

答：在北京。

问：您现在的住房情况是？

答：买房了。

问：您有几个兄弟姐妹？

答：我家里就我一个孩子。

问：您的职业及工作性质是？

答：中学教师。

问：您的工作年限是？

答：快十年了。

问：您的平均月收入是？

答：6000 元左右吧。

问：您是哪年参加的高考？

答：1998 年。

问：您高考时父母的职业、文化程度、家庭年收入（家庭经济状况）是怎样的？

答：我父母原来都是在工厂里当工人，文化程度就是高中，家里的经济条件一般。

问：您在接受高等教育的过程中在哪些学校学习过哪些专业？

答：我当时考的是大连的辽宁师范大学，学的是地理教育学。

问：您在选择大学时哪些因素对您起到影响（如个人理想、家庭经济水平、学习成绩、地区吸引力等）？

答：我选择大连主要是地域因素，离家不远。我父母也不大懂，不能提供给我有关报考学校和专业的指导，我那会儿基本就是看身边人的情况，随大流了。还有就是觉得从师范大学毕业后肯定不愁找工作，而且教师行业也比较稳定吧，所以就去了，我那会儿的选择面比较狭窄。

问：您接受高等教育主要是受内因还是外因的影响呢？

答：更多是外因。自己也没想这么多，主要是父母意愿，他们那个年代因为种种原因吧，没读多少书，我学习还可以，他们就很希望我能上大学。

问：您就读学校所在地与籍贯所在地不一致的原因是什么？

答：首先是根据自己的情况做判断，家里的学校好一点儿的考不上，能考上的差一点儿的学校吧，想想又不甘心去，所以就选择了离家比较近的大连。研究生的时候有更好的机会，也想走出去看看，想去追求更好、更优质的高等教育。

问：请问您的最高学历是什么？分别在哪些高校的哪些专业学习过呢？

答：最高学历是硕士。我本科在辽宁师范大学读的是地理教育学专业，研究生在中国地质大学（北京）读的是地图制图学与地理信息工程专业。

问：您现在的工作地点、工作单位以及工作职位是什么？

答：我目前在北京101中学做老师。选择这份工作是因为我本科学的就是师范类教育专业，研究生的专业也是一致的，而且我们那会儿中学教师的工作比较好找，还可以解决北京户口，在北京落户还是比较重要的。

问：家庭因素对您的职业选择产生了哪些影响呢？

答：基本没什么影响，在这里读书就自然留下来了，不过家里也比较希望我能留在北京。

问：您在毕业后做初次职业选择时受到哪些因素的影响？

答：户籍所在地、学校类型、个人性格。北京离家比较近是我选择这里的原因，同时还受到本科学校以及所学专业，还有自己的性格的影响，综合起来决定还是做老师吧。

问：您初次就业地与接受高等教育地是否一致？

答：是一致的。其实正因为我在北京读书，对环境比较适应，有合适的工作机会并能解决户口，所以我才留下来的，这样对下一代的生活和成长也有好处。

问：您目前产生家庭流动了吗？

答：已经产生了。

问：哪些家庭成员跟随您流动了呢？

答：我的父母都过来了。

问：您家人的流动意愿强吗？为什么？

答：一般吧，我父母来北京主要是为了照顾我，但他们还是觉得老家好。毕竟在老家生活了大半辈子，环境更熟悉，亲朋好友也更多些。

问：您的家庭流动与您的职业类型、收入水平关系密切吗？是否您的职业质量越高，带动家庭流动的意愿越强烈？

答：我觉得这两者的关系还是很密切的。但是我本人还是能力有限，毕竟在北京生活压力大、买房子也很贵。

问：您初次家庭流动是在何时产生的？是在您毕业多久后产生的家庭流动呢？

答：大概是在 2009 年，我毕业后的第五年左右。

问：您的家庭成员流动分为几个批次？流动的步骤是怎样的？他们流动的原因分别是什么？

答：很简单，就一批，主要是来帮忙照顾孩子。

问：您的家庭成员目前的安置状况如何？他们对目前的生活状态是否满意呢？

答：我们目前一起生活，他们对生活状态还算满意吧。

问：您认为您接受高等教育对您家庭流动的影响程度有多大？

答：如果 1～5 分让我打分的话，我觉得大概是 3 分吧。我现在的家庭流动主要是因为我当时选择来北京读书。另外 2 分是因为我家人的流动还受到一些其他因素的影响，比如说下一代的抚养、父母退休情况、个人工资、家庭情感凝聚力等。

访谈记录 33（男性）

问：您的年龄是？

答：我今年 52 岁。

问：您的籍贯是？

答：我祖籍是山东。

问：您目前的生活和工作所在地是？

答：北京。

问：您的户口性质是？

答：非农业户口。

问：您现在的住房情况是？

答：我现在住的是我们单位早先分的房子。

问：您有几个兄弟姐妹？

答：家里就我自己，没有其他兄弟姐妹。

问：您的职业及工作性质是？

答：公务员。

问：您的工作年限是？

答：我工作有十多个年头了。

问：您的平均月收入是？

答：平均 10000 元多吧。

问：您的学历是？

答：硕士。

问：您是哪年参加高考的？

答：1998 年。

问：您高考时父母的职业、文化程度、家庭年收入（家庭经济状况）是怎样的？

答：那时候我父亲是在建筑队工作，母亲在学校工作，他们都是高中毕业，家庭经济状况一般。

问：您在接受高等教育的过程中在哪些学校学习过哪些专业？

答：当时录取我的是北京经济学院，专业是政治经济学；后来又在清华大学经济管理学院学习公共管理。

问：您在选择大学时哪些因素对您产生了影响？

答：我认为录取的学校、专业、地域和我的家庭背景都有一定的影响。因为我的父母亲在当时都算有些文化的人，尤其母亲又是教师，所以还是十分注重培养孩子读书的兴趣、鼓励孩子勇于到更高等级的学府去深造。父亲的工作与生产经营有关，可能是耳濡目染之下，我慢慢就对经济专业萌发了兴趣。

问：您觉得个人意愿和家庭情况哪个因素对您在选择大学时的影响更大？

答：我认为自己选择大学的原因主要还是个人意愿。

问：请问您就读学校的所在地与籍贯所在地不一致的原因是什么？

答：我觉得主要有三点，一是籍贯所在地无优质的高等教育机构；二是追求独立、自由的学习和生活空间；三是今后有在此地工作、生活的打算。

问：您现在的工作地点、工作单位及工作职位是什么？您选择这份工作的原因是什么？

答：我现在在北京市委机关工作，选择的原因是遵从了组织的分配。

问：在您找工作时，哪些因素影响了您的职业选择？

答：我们那会儿是分配工作的，但这其中的影响因素还是有很多的，我觉得主要是受到户籍所在地、学校类型、学习成绩、个人性格因素的影响吧。

问：您初次就业地与接受高等教育地是否一致？

答：是一致的。

问：您目前产生家庭流动了吗？哪些家庭成员跟随您流动了呢？

答：产生了家庭流动，我父母后来随我到了北京。

问：您家人的流动意愿强吗？为什么？

答：家人流动意愿一般，一方面他们愿意与儿女共享天伦之乐，另一方面又担心自己的存在影响儿女的生活，成为拖累。

问：您认为家庭成员的流动与您的职业类型、收入水平关系密切吗？

答：我觉得会有一定的关系。在我们那时候，家人流动的成本相较于今天要低许多。

问：您的初次家庭流动是在何时产生的？是在您毕业多久后产生的呢？

答：印象中是在我毕业六年之后吧。

问：您的家庭成员流动分为几个批次？流动的步骤是怎样的？

答：我家里人口比较少，所以流动几乎是同一个批次的。流动的原因就是想和家人团聚，还能帮助照顾儿子的家庭。

问：您的家庭成员目前安置状况如何？他们对目前的生活状态是否满意呢？

答：家庭成员目前安置状况尚可，对生活状态基本满意。

问：影响您家庭流动的主要因素有哪些？您接受高等教育在其中占了多大的比重？

答：我觉得主要影响因素可能有个人家庭观念、家庭情感凝聚力、地区的生活成本、家庭规模等，我接受高等教育在其中所占比重大概有 80% 左右吧。

访谈记录 34（女性）

问：您的年龄是？

答：我今年 38 岁。

问：您的籍贯是？

答：河南。

问：您的户口性质是？

答：我是非农业户口，因为我父亲是工人。

问：您目前的生活和工作所在地是？

答：都在北京。

问：您现在的住房情况是？

答：在北京买房。

问：您有几个兄弟姐妹？

答：我还有一个妹妹和一个弟弟。妹妹在香港，弟弟在老家。

问：您的职业及工作性质是？

答：大学老师。

问：您的工作年限是？

答：十五年多点儿吧。

问：您的平均月收入是？

答：13000 元，加上公积金有 15000 元。

问：您在接受高等教育的过程中在哪些学校学习过哪些专业？

答：我本科时保送河南大学，专业没得选，学的是学前教育专业。当时不是很喜欢小孩儿，而且我从小就想当法官，所以我提前考研，选择的是教育管理与法律，然后就在这个专业学习。考博之后，博士的专业是教育学原理，拿教育学博士学位。

问：您是哪年参加高考的？

答：我是 1992 年高考的。

问：您高考时父母的职业、文化程度、家庭年收入（家庭经济状况）是怎样的？

答：我父亲是八级工，是高小毕业；母亲没上过学，但是很好学。我的父亲只要看我一眼，我好像就能读懂他的期待。我们家在东北的时候，父母是双职工，条件还不错。但是后来奶奶身体不好，全家就搬回老家照顾奶奶。母亲工作调动很难，所以就作为家属跟着父亲回来。靠父亲的工作养活五个人，条件还是很艰苦的，家庭的经济状况处于中等偏下吧。

问：您父母对您上大学有期待吗？他们是怎么考虑的？

答：他们就是觉得你应该出去上大学，出去看看，长长见识。

问：您从河南大学考到北师大的时候是如何考虑的？专业选择方面有考

虑吗？

答：我当时已经准备了一段时间的法学考试，后来老师找我聊天，建议我从教育名录里面选择专业，我第一眼就看到了教育管理与法律。

问：您当时有考虑地域因素吗？

答：我从河南大学到北京师范大学的时候，没有考虑地域的因素。假如当时最强的学校是华东师大的话，我可能还是会过去。而且当时经常听我们老师说北师大很棒，所以就来了。当时还小，没有概念，就是顺其自然的。

问：您初次就业是在什么时候？受到哪些因素的影响？

答：初次就业是在我博士毕业之后，所学的专业是主要影响因素。

问：那您组建家庭是在什么时候呢？

答：我刚读博就结婚了，25 岁。

问：您的初次家庭流动是在何时产生的呢？

答：在我结婚以后。工作以后自己有了房子，我先生总是出国，我一个人待的时间挺长的，父母就经常过来陪我，半年到几个月都有。父母年纪大，早就退休了，所以有空。后来有孩子了，我妈妈为了给我带孩子跟我生活在一起，孩子是因为我在这里，所以生在这里的。我先生是通过上学来北京的，我们是在北京结婚的。

问：您觉得您的家庭流动与您接受高等教育之间有多大关联？

答：当然有关联了，高等教育是一个基础和起点，我如果没有接受高等教育，就没有这里的工作，就没有后来的房子，也就不可能带动我们家庭的流动。在那个年代，在北京接受高等教育就注定就会有一份好的工作。

问：您的住房情况和家庭流动的关联大吗？

答：有必然的关系。但是要强调的是，父母会将孩子的需要作为最高指令，因为他们都是心疼孩子，想来照顾儿孙。我们家就是这样，母亲过来长期照顾孩子。父亲是更加留恋故土的，来得少。

问：您认为您接受高等教育对您家庭流动的影响程度有多大？

答：我觉得影响程度非常大。虽然我不是刻意地定一个目标，但是回过头来看，的确是上学起了决定性的作用。因为这一切的起点的确是源于我到北京求学，而后我的工作、家庭、人际关系等就都在这里了。

问：您以后会随着孩子的流动而流动吗？

答：肯定会的！我一定会紧紧地跟着孩子一起，不管出现什么情况，她到哪里，我有可能就跟着到哪里了。我妈妈因为有几个孩子，妹妹在香港，弟弟在河南老家，我博士毕业后留在了北京，又有了自己的孩子，我妈妈只好流动到我这里来照顾小孩儿。

访谈记录 35（女性）

问：您的年龄是？

答：51 岁。

问：您的籍贯是？

答：我老家在山东临沂。

问：您目前的生活和工作所在地是？

答：北京。

问：您的平均月收入是？

答：2000 元左右吧。

问：您的户口类型是？

答：农业户口。

问：您家有几口人？

答：我家是四口人，不对，现在是六口人啦，儿子有孩子啦！我和我老伴儿、一个儿子、一个闺女、儿媳妇、孙子。

问：您家里哪个家庭成员在北京呀？

答：是我儿子，我儿子初中就离开家了，到县城里面上中学，育才中学，后来高中成绩好，大学就考出去了。

问：您是哪一年来的北京呢？

答：我是 2011 年来的北京，我儿子在这里上班，所以我就来这里打工啦。后来我女儿也在这里上学，他们俩都是研究生，我女儿毕业后回山东工作啦。我老伴儿也过来了一阵，但是工资太少了，就回去了。

问：那您当时没有和老伴儿一起回去吗？

答：我没有，因为孙子出生了需要有人照顾，所以我就留在北京帮我儿子照顾孩子。

问：您一年时间全待在北京吗？

答：差不多，我只有过年的时候回老家，其他时间都在北京。

问：您儿子现在有北京户口吗？

答：他们都是北京户口，工作单位给解决户口的。

问：那您知道他以前是学啥专业的吗？

答：我儿子是政法大学的，学习法律专业吧。

问：那您知道他的工作性质是啥吗？

答：公务员，断案的。

问：那如果他不来北京，您会过来吗？

答：我不会过来的，我和儿子感情好，他不来上学我也是不会来的。

问：那您经常在北京，您女儿不羡慕吗？

答：她也说想让我过去住的，说我怎么不到她那里去，总是在她哥哥家里住。

问：您以后打算长期留在这里吗？

答：不打算长期在这里，等孩子长大了我就回去。

问：您来北京之前做什么工作呢？

答：我是种地的，家里地很少，老伴儿一个人可以管，所以我就放心过来了。

问：如果家里地多，您还会来北京吗？

答：不会的。如果地多的话，我肯定在家管地，不会过来的。而且现在我儿子家太小了，等到孩子长大了肯定住不下这么多人，儿媳妇的妈妈也会过来，所以家里很挤。

问：那您打算什么时候回老家生活呢？

答：还不一定吧，还得工作，没办法，还得给儿子还房贷。

后　记

———❦———

　　作为高等教育溢出效应的个体高等教育获得对家庭流动的影响，是一个很有意思的研究课题。之所以说它有意思，是因为我们在研究这个问题的时候，并不感觉乏味和枯燥，那些生动鲜活的案例经常会使我们沉浸其中。我们之所以关注到这一问题，是因为身边不少同事、朋友、学生等因接受高等教育而带动了配偶、子女、父母、兄弟姐妹等家庭成员的流动，而且这一现象变得越来越普遍，家庭的地域流动似乎逐渐成为一种常态并融入人们的日常生活之中。我们从学术的角度对这一现象进行学理探究，发现这是一项极具挑战性的工作，因为它既涉及横向的对社会学、人口学、公共管理和高等教育学等多学科理论和专业知识的交叉融合，又涉及纵向的从个体接受高等教育到带动家庭流动整体过程和发展脉络的把握；既需要找到适切的理论进行学理性阐释，又需要通过适当研究方法的选择，进入调研访谈、分析思考的研究过程，以实现理论与实践的结合，设计方案与研究目标的匹配。虽然有关人口流动、家庭流动的研究不少，但把个体高等教育获得对家庭流动的影响作为高等教育的溢出效应去研究和思考，却是一个新的视角，亦是高等教育研究的一个新领域。

　　首先是研究视角的创新。我们以溢出效应为研究视角，将经济学的概念引入人口流动领域和教育领域，是研究的一个创新点。一般来说，溢出效应是指个体高等教育收益之外，他者和社会所获得的来自高等教育的影响和作用。在本书中，我们将高等教育的溢出效应定义为高等教育除了对个体所产生的促进作用之外，其父母乃至整个家庭受到的来自高等教育的影响，以及产生地域间流动的实际情况。这与以往关于人口流动、家庭流动和高等教育研究的角度不同，创新和丰富了对于高等教育和家庭流动等问题的研究视角。

其次是研究对象的创新。我们的研究对象以家庭为载体，将家庭作为流动的单位，并将此类家庭流动的动因，限定在家庭中某个个体由于高等教育获得所引发的家庭流动现象。在以往有关家庭流动的研究中，研究对象较多集中在女性和农民工的迁移、90后农民工的城镇化迁移、空巢老人的候鸟式迁移，等等，对于因高等教育获得而引发的家庭流动现象鲜有关注。与以往的研究对象不同，本书将高等教育获得作为动因，分析个体在接受高等教育的过程中及就业工作后如何影响和带动其家庭的流动，在研究对象的选取上是一种创新的选择。

再次是研究内容的创新。本书将个体高等教育获得引发的家庭流动现象作为研究对象，从高等教育溢出效应的角度进行研究构思与设计，并按其实践类型划分了七个维度，分析了个体高等教育获得引起家庭流动的形成因素，探讨了个体高等教育获得对家庭流动的影响规律，拓展了以往有关家庭流动和高等教育的研究视野，具有创新意义。通过研究我们发现，个体高等教育获得对于家庭流动存在着重要影响和促进作用，这是一种高等教育的溢出效应。

本书的研究仍有待拓展和深化。自我国恢复高考制度以来，高等教育毛入学率不断上升，接受高等教育个体不仅在数量上大幅度增加，因生源地与高等教育接受地不同而异地求学的现象也十分普遍，与之相伴随的个体高等教育获得所引发的家庭流动现象日益受到人们的关注。由于个体高等教育获得带动家庭流动的数量和规模庞大，我们寻找适合调研和访谈的对象的过程具有一定的难度，被选取样本的代表性、典型性和覆盖度也有一定的局限。样本选取的困难在于：①在直接路径中，个体接受高等教育时引发的家庭流动常常是暂时性的、不稳定的，一般不涉及家庭成员的户籍变动；②在间接路径中，高等教育获得者毕业工作后带动的家庭流动往往受到其工作年限、工作稳定状态、住房条件改善速度、家庭经济收入积累等因素的影响，每个高等教育获得者家庭流动的形成方式和状态各不相同、情况纷繁复杂，需要逐一甄别和选择。虽然我们选用的相关调研数据质量较好，访谈也比较深入，但由于调查样本在地域和数量上的局限性，数据覆盖范围有限，一定程度地影响了数据对于结论的支持力度和实证的丰富度与充分性。

我们对于个体高等教育获得影响和带动家庭流动的研究，只是取得了阶段性的成果。个体高等教育获得影响家庭流动作为一种高等教育的溢出效应，相关问题仍然很多，已有的研究也有待深入和充实，我们的研究仅仅是初步的。作为一种阶段性的初步成果，如能在更大的范围内选取样本，在不同的城市和地区开展更加深入的调查和访谈，将使该研究得到进一步的拓展和深化。

本书基于我们所承担的 2013 年度教育部人文社会科学研究规划基金项目"高等教育的溢出效应研究——个体教育获得对家庭流动的影响"（项目批准号：13YJA880057）的研究成果重新改写而成。对该课题的研究，除了我们分别作为课题主持人和主要成员所做的核心工作以外，课题组其他成员也做出了重要贡献。中国农业大学公共管理学院讲师杨娟博士在前期课题申报和开题过程中承担了重要工作；中国人民大学教育学院硕士生刘晓坤、刘虹豆、陈萧及博士生崔鹤作为课题组成员参与了研究的全过程，查阅并搜集整理了大量研究资料、开展调研、访谈和数据分析工作，并分别撰写了各自承担部分的初稿。本书对原有课题报告的内容进行了逻辑框架的重新构思，对研究数据和注释引用进行了重新核对和查证，对文字表述进行了精雕细琢，通过认真细致地逐字逐句推敲，使本书既有学术性又有一定的可读性。

虽然我们在本书的撰写过程中付出了很大的努力，但受已有研究数据和资料的限制，书中难免存在疏漏和谬误之处，一些内容尚待进一步完善，盼望读者批评指正。

最后，感谢教育部人文社会科学研究规划基金对本书提供的前期支持；感谢"北京外国语大学一流学科建设项目"提供的出版资助；感谢科学出版社对本书编辑出版的支持；感谢乔宇尚编辑、卢淼编辑不辞劳苦、认真负责的工作态度和高效的工作；感谢每一位被调查者和受访者对我们的信任与配合；感谢阅读本书的每一位读者。

秦惠民　王名扬

2018 年 8 月 29 日于北京外国语大学西院国际大厦